EDITORA DO CONHECIMENTO

Auxiliando a humanidade a encontrar a Verdade

História da Umbanda no Brasil

Volume 9

História da Umbanda no Brasil – Vol. 9

Diamantino Fernandes Trindade (Org.)

CONHECIMENTO EDITORIAL LTDA.
Fone/Fax: 19 3451-5440
www.edconhecimento.com.br
vendas@edconhecimento.com.br

Projeto gráfico: Sérgio Carvalho
Ilustração da capa: Banco de imagens

ISBN 978-65-5727-062-2
2ª edição – 2020

• Impresso no Brasil • Presita en Brazilo

Produzido no Departamento Gráfico de
CONHECIMENTO EDITORIAL LTDA
Rua Prof. Paulo Chaves, 276 – 13485-150
Fone: 19 3451-5440 — Limeira – SP

Dados Internacionais de Catalogação na Publicação (CIP)
(Angélica Ilacqua CRB-8 / 7057)

Trindade, Diamantino Fernandes.
História da Umbanda no Brasil - Notícias históricas da macumba - Vol. 9 : / Diamantino Fernandes Trindade (Org.) — Limeira, SP: Editora do Conhecimento, 2018.
194 p. : il.

ISBN: 978-65-5727-062-2

1. Umbanda - História - Brasil 2. Perseguição religiosa - Umbanda I. Trindade, Diamantino Fernandes

18-1274 CDD – 299.672

Índice para catálogo sistemático:
1. Umbanda - História

Diamantino Fernandes Trindade
(organizador)

História da Umbanda no Brasil

Notícias históricas da macumba

Volume 9

2ª edição – 2020

EDITORA DO CONHECIMENTO

Figura 1: Logo da Casa de Cultura Umbanda do Brasil.

Esta é uma obra de pesquisa e resgate da História da Umbanda. Os direitos autorais são totalmente revertidos para as atividades da Casa de Cultura Umbanda do Brasil.

Figura 2: Macumba. Di Cavalcanti – 1958.

Dedicatória

Para todos os Pais e Mães espirituais dos cultos afro-brasileiros que dignificam nossas tradições religiosas.
Para os queridos irmãos Cristian Siqueira e Adão Lamenza que não medem esforços para resgatar a memória de Seu Sete da Lira e Mãe Cacilda de Assis.

Sou macumbeiro
Sou poeta e brasileiro
Um pé na África
E outro no Rio de Janeiro

(domínio público)

A religião? Um misterioso sentimento, misto de terror e de esperança, a simbolização lúgubre ou alegre de um poder que não temos e almejamos ter, o desconhecido avassalador, o equívoco, o medo, a perversidade. Feitiço pega sempre, sentencia o ilustre Oloô-Tetê, com a sua prática venerável. Não há corpo fechado. Só o que tem é que uns custam mais. Feitiço para pegar em preto é um instante, para mulato já custa, e então para cair em cima do branco a gente sua até não poder mais. Mas pega sempre. Por isso preto usa o assiqui,[1] a cobertura, o breve, e não deixa de mastigar obi, noz de cola preservativa.

João do Rio

[1] Espécie de bentinho, escapulário etc.

É impossível ao historiador a imparcialidade. Desde a coleta de documentos até a redação do trabalho são feitas escolhas, que não são causais. Qualquer tentativa de escrever sobre um fato ou período histórico envolve seleção, julgamento e pressupostos metodológicos. A História não pode ser nunca puramente descritiva, pois sempre haverá elementos de avaliação em qualquer relato. Sendo assim, o máximo que um historiador pode fazer no seu trabalho é alcançar uma face da verdade, que não é absoluta e sim variável de acordo com as condições que se apresentam no momento da escrita.

Sumário

PALAVRAS INICIAIS

Caro leitor!

Esta obra estava planejada para oito volumes. No entanto, um rico material chegou a nossas mãos e, assim, produzimos este livro.

No sétimo volume fizemos uma grande abordagem sobre as macumbas e as perseguições religiosas. Retomamos neste livro ao tema com diversas matérias, textos e reportagens.

A macumba é dos mais polêmicos temas dos cultos afro-brasileiros em função do desconhecimento e preconceito da população. A Umbanda se consolidou ritualisticamente a partir das macumbas cariocas.

Podemos perceber, ao longo da obra, a perseguição implacável da polícia e da imprensa aos ritos da macumba e cultos afro-brasileiros em geral. Mesmo com registro na Polícia, os terreiros eram vitimas de batidas policiais constantes. Lendo as matérias percebemos claramente que a imprensa designava de macumba não só os próprios terreiros de macumba, mas, também os de Umbanda e Candomblé. E também, via de regra, generalizam os cultos afro-brasileiros como Espiritismo.

Iniciamos com uma homenagem a João do Rio que escreveu uma obra revolucionária para a época (1904) intitulada *As Religiões do Rio*. Na sequência temos um texto sobre o famoso babalorixá baiano Jubiabá, pai de santo dos famosos Joaõzinho da Goméia e Orlandino Cobra Coral. Jubiabá foi tema do quarto livro de Jorge Amado. Logo após abordamos alguns aspectos do famoso pai de santo Juca Rosa.

Em seguida temos a matéria do jornal *Cidade do Rio*, de 1902, que mostra uma macumba no morro dos Trapicheiros. *O Imparcial* (BA) aborda a batida policial no candomblé do Procópio. Outro jornal carioca, *A Rua*, apresenta, em 1918, sobre a invasão policial em uma macumba. O mesmo periódico, em 1927, trata do assunto sempre com a presença policial. Em 1926, o jornal *A União* publicava uma matéria sobre a atuação de Pai Jacob que resultou em tragédia para uma família paulistana.

Por incrível que pareça Zélio de Moraes também era chamado de macumbeiro por alguns periódicos cariocas, bem como a Umbanda era denominada de macumba. *A Critica*, em 1928, citava a cura do deputado federal Norival de Freitas na "macumba" de Zélio. Em reconhecimento, o nobre deputado mimoseou Zélio com o cargo da Câmara Municipal.

Apresentamos em seguida várias matérias de Francisco Guimarães na *Critica*, de 1929, que aborda temas palpitantes: Os mistérios da mandinga, A caravana negra, grupo liderado por D. Pedro I, que introduziu os feitiços e as mandingas no Brasil em 1820. O assassínio do General Pinheiro Machado, Pais de Santo e "Pais de Santo," Os Santos, O velho Balthazar, Sanyn – Dominador do Morro do Pinto, Os alufás, Sua majestade Abedé, Os babalorixás do Piraí e O Meia Hora. Antes dessas matérias temos um texto explicando a atuação jornalística de Francisco Guimarães (O Vagalume) na *Critica*.

A *Revista da Semana*, em 1930, publicou um interessante conto de Aurélio Pinheiro, intitulado "Magia Negra". O jornal *A Batalha*, em 1930, apresenta a matéria "Como o Espiritismo Melhora a Sorte". O mesmo periódico, em 1932, mostra uma matéria sobre sessões secretas onde foram manipulados vários despachos fortes, a pedido de Sebastião de Arruda, que não queria deixar a Prefeitura de Iguaçu. Ainda *A Batalha*, no mesmo ano, fez uma abordagem sobre um espírito maligno em uma macumba. Continuamos no mesmo ano e o mesmo periódico com uma matéria sobre a indústria da macumba. Ainda na *A Batalha*, em 1933, encontramos uma abordagem sobre uma invasão policial em um trabalho para Ogum. Uma reportagem do mesmo ano trata do mesmo assunto. Fechando está série de reportagens de *A Batalha* temos a matéria, de 1934, sobre sessões de macumba em Botafogo.

A Nação, em 1936, trás uma matéria sobre a guerra às macumbas às macumbas. Ainda em 1936 uma notícia foi publicada sobre o rapto de uma menina que foi conduzida a um terreiro em Irajá. Banzo é uma toada sertaneja de Murillo Mendes publicada pelo mesmo jornal em 1937.

O jornal *A Ordem*, em 1937, aborda a repressão ao Espiritismo e a magia negra. A Revista *Excelsior*, em 1939, apresenta um texto sobre as famosas correntes de orações.

A Cruz era um jornal católico carioca. Diversas matérias desse periódico serão apresentadas nesta obra. Fica claro e notório o preconceito da Igreja Católica sobre as práticas da macumba e da Umbanda. A primeira matéria, de 1939, aborda a defesa da fé católica contra o abuso dos nomes dos santos católicos por parte dos cultos afro-brasileiros. A segunda, de 1940, fala sobre os benzedores. Em seguida, de 1941, temos um texto sobre curandeiros e espíritas.

Diretrizes, de 1941, apresenta um importante inquérito sobre a verdade da macumba, onde são abordados temas como: exploração dos crentes por parte dos macumbeiros, exploração das macumbas pelos meios literários, comerciais, artísticos e turísticos, medicina ilegal, curandeirismo e charlatanismo. Nesse inquérito jornalístico podemos ler as opiniões importantes do professor Henrique Roxo, professor Nóbrega da Cunha, Dr. Arthur Ramos, Edison Carneiro e Aydano do Couto Ferraz. Imagens de uma macumba carioca ilustram o inquérito jornalístico.

A Cruz (MT), em 1946, apresenta uma matéria intitulada "A Macumba". Voltando a *A Cruz* (RJ), em 1950 temos um texto sobre o pai de santo Zé da Ilha. O periódico *Ultima Hora*, em 1952, publica matéria sobre o processo contra os matadores de Zé da Ilha.

Em 1951, a *Revista da Semana*, publicou uma matéria

sobre o julgamento de uma macumbeira em Salvador que foi absolvida por um júri totalmente feminino. *A Ordem*, 1952, trás uma reportagem sobre o Projeto 259/50 que defendia o reconhecimento da Tenda Espírita São Miguel Arcanjo (TESMA) como instituição de educação e assistência social.

O jornal *Ultima Hora*, em 1951, aborda a macumba em Caxias, onde acontecia o rito do famoso Joãozinho da Goméia. O mesmo periódico, em 1954, descreve uma festa de Ogum na Tenda Fé Pela Razão.

Novamente apresentamos matérias do jornal *A Cruz* (RJ). Em 1953 foi publicado o artigo "O Espiritismo no tribunal da razão". O baixo espiritismo é um artigo de 1954. Ainda em 1954 temos uma história fictícia sobre a presença, em uma macumba, dos presidentes Getúlio Vargas, Rodrigues Alves e Campos Sales. Em 1955 foi publicada a matéria sobre o plano sinistro das macumbas. Do mesmo ano temos uma matéria sobre Exu. Ainda em 1955 o artigo sobre os despachos e a ação policial. Em 1956 temos um texto sobre a indústria das macumbas. No mesmo ano é abordado o verdadeiro culto a São Jorge, palestra proferida pelo Cardeal Dom Jaime Câmara na Rádio Vera Cruz. Em seguida é publicada uma carta aberta (1957), de Antônio Maia, Secretário da Confederação Nacional das Congregações Marianas do Brasil dirigida a José Alvares Pessoa (mais conhecido como Capitão Pessoa), dirigente da Tenda Espírita São Jerônimo e forte opositor às investidas da Igreja Católica no Rio de Janeiro.

A Ordem, 1952, apresenta uma interessante reportagem sobre a macumba na Alemanha.

Retomando as publicações de *A Cruz* (RJ) encontramos um interessante texto do Padre Adalberto Nunes (1957) intitulado "O Frade Feiticeiro" referindo-se ao Frei Boaventura Klopenbburg, profundo conhecedor dos cultos afro-brasileiros e também feroz critico dos mesmos. Ainda em 1957 temos a matéria sobre o que é um Hospital de Umbanda. No Reino da Macumba é o artigo de 1958. Em 1960 *O Jornal* publicou uma interessante matéria de Pedro Lívio intitulada "A Magia". Em seguida temos um texto sobre a apresentação de Seu Sete da Lira nos programas do Chacrinha e de Flávio Cavalcanti em agosto de 1971.

Mostramos em seguida a Cachoeira da Macumba na Cantareira, em São Paulo e a Praia da Macumba no Rio de Janeiro. Encerramos com um texto de Pai Pedro Miranda, desencarnado em nove de fevereiro de 2018.

Desejamos uma boa leitura a todos!

Um saravá profundo!

Diamantino Fernandes Trindade
Hanamatan Ramayane

HOMENAGEM A JOÃO DO RIO

Iniciamos esta obra com uma homenagem a João do Rio que escreveu uma obra revolucionária para a época (1904): *As Religiões do Rio*,[1] resultado do inquérito efetuado pela Gazeta de Notícias.

João do Rio, pseudônimo de João Paulo Emílio Cristóvão dos Santos Coelho Barreto, nascido no Rio de Janeiro em 5 de agosto de 1881 e falecido em 23 de junho de 1921, foi um jornalista, cronista, tradutor e teatrólogo brasileiro.

Excelente escritor, entre 1900 e 1903, colaborou sob diversos pseudônimos com diversos periódicos cariocas, como *O Paiz*, *O Dia*, *Correio Mercantil*, *O Tagarela* e *O Coió*. Em 1903 foi indicado por Nilo Peçanha para a *Gazeta de Notícias*, onde permaneceu até 1913.

Transcrevemos da obra *Religiões do Rio* dois textos: *O Feitiço* e *O Culto do Mar*.

No início da obra João do Rio fala de seu interlocutor Antônio:

Antônio é como aqueles adolescentes africanos de que fala o escritor inglês. Os adolescentes sabiam dos deuses católicos e dos seus próprios deuses, mas só veneravam o uísque e o *schilling*. Antônio conhece muito bem Nossa Senhora das Dores, está familiarizado com os Orixás da África, mas

[1] Esta obra é domínio público e pode ser acessada gratuitamente no site: *http://www.dominiopublico.gov.br*.

só respeita o papel-moeda e o vinho do Porto. Graças a esses dois poderosos agentes, gozei da intimidade de Antônio, negro inteligente e vivaz; graças a Antônio, conheci as casas das ruas de São Diogo, Barão de S. Felix, Hospício, Núncio e da América, onde se realizam os candomblés e vivem os pais-de-santo. E rendi graças a Deus, porque não há decerto, em toda a cidade, meio tão interessante.

Figura 3: João do Rio. *https://pt.wikipedia.org*.

Os feitiços

Nós dependemos do Feitiço.

Não é um paradoxo, é a verdade de uma observação longa e dolorosa. Há no Rio magos estranhos que conhecem a alquimia e os filtros encantados, como nas mágicas de teatro, há espíritos que incomodam as almas para fazer os maridos incorrigíveis voltarem ao tálamo conjugal, há bruxas que abalam o invisível só pelo prazer de ligar dois corpos apaixonados, mas nenhum desses homens, nenhuma dessas horrendas mulheres tem para este povo o indiscutível valor do Feitiço, do misterioso preparado dos negros.

É provável que muita gente não acredite nem nas bruxas, nem nos magos, mas não há ninguém cuja vida tivesse decorrido no Rio sem uma entrada nas casas sujas onde se enrosca a indolência malandra dos negros e das negras. É todo um problema de hereditariedade e psicologia essa atração mórbida. Os nossos ascendentes acreditaram no arsenal complicado da magia da idade média, na pompa de uma ciência que levava à forca e às fogueiras sábios estranhos, derramando a loucura pelos campos; os nossos avós, portugueses de boa fibra, tremeram diante dos encantamentos e amuletos com que se presenteavam os reis entre diamantes e esmeraldas. Nós continuamos fetiches no fundo, como dizia o filósofo, mas rojando de medo diante do feitiço africano, do feitiço importado com os escravos, e indo buscar trêmulos a sorte nos antros, onde gorilas manhosos e uma súcia de pretas cínicas ou histéricas desencavam o futuro entre cágados estrangulados e penas de papagaio!

Vivi três meses no meio dos feiticeiros, cuja vida se finge desconhecer, mas que se conhece na alucinação de uma dor ou da ambição, e julgo que seria mais interessante como patologia social estudar, de preferência, aos mercadores da paspalhice, os que lá vão a busca de consolo.

Vivemos na dependência do Feitiço, dessa caterva de negros e negras, de babalorixás e iaôs, somos nós que lhe asseguramos a existência, com o carinho de um negociante por uma amante atriz. O Feitiço é o nosso vício, o nosso gozo, a degeneração. Exige, damos-lhes; explora, deixamo-nos explorar, e, seja ele *maitre-chanteur*,[2] assassino, larápio, fica sempre impune e forte pela vida que lhe empresta o nosso dinheiro. Os feiticeiros formigam no Rio, espalhados por toda a cidade, do cais à Estrada de Santa Cruz.

Os pretos, alufás ou orixás, degeneram o maometismo e o catolicismo no pavor dos *aligenum*, espíritos maus, e do Exu, o diabo, e a lista dos que praticam para o público não acaba mais. Conheci só num dia a Isabel, a Leonor, a Maria do Castro, o Tintino, da Rua Frei Caneca; o Miguel Pequeno, um negro que parece os anões de D. Juan de Byron; o Antônio, mulato

[2] Cantor..

conhecedor do idioma africano; Obitaiô, da Rua Bom Jardim; o Juca Aboré, o Alamijo, o Abedé, certo Maurício, ogan de outro feiticeiro – o Brilhante, pai-macumba dos santos cabindas; o Rodolfo, o Virgílio, a Dudu do Sacramento, que mora também na Rua do Bom Jardim; o Higino e o Breves, dois famosos tipos de Niterói, cuja crônica é sinistra; o Oto Ali, Ogan-Didi, jogador da Rua da Conceição; Armando Ginja, Abubaca Caolho, Egídio Aboré, Horácio, Oiabumin, filha e mãe de santo atual da casa de Abedé; Ieusimin, Torquato Arequipá, Cipriano, Rosendo, a Justa de Obaluaiê, Apotijá, mina famoso pelas suas malandragens, que mora na Rua do Hospício, 322 e finge de feiticeiro falando mal do Brasil; a Assiata, outra exploradora, a Maria Luiza, sedutora reconhecida, e até um empregado dos Telégrafos, o famoso pai Deolindo...

Toda essa gente vive bem, à farta, joga no bicho como Oloô-Teté, deixa dinheiro quando morre, às vezes fortunas superiores a cem contos, e achincalha o nome de pessoas eminentes da nossa sociedade, entre conselhos às meretrizes e goles de parati. As pessoas eminentes não deixam, entretanto, de ir ouvi-los às baiucas infectas, porque os feiticeiros que podem dar riqueza, palácios e eternidade, que mudam a distância, com uma simples mistura de sangue e de ervas, a existência humana, moram em casinholas sórdidas, de onde emana um nauseabundo cheiro.

Para obter o segredo do feitiço, fui a essas casas, estive nas salas sujas, vendo pelas paredes os elefantes, as flechas, os arcos pintados, tropeçando em montes de ervas e lagartos secos, pegando nas terrinas sagradas e nos obélês, cheios de suor.

– V. S., se deseja saber quais são os principais feitiços, é preciso acostumar-se antes com os santos, dizia-me o africano.

Acostumei-me. São inumoráveis. As velhas que lhes discutem o preço em conversa, até confundem as histórias. Em pouco tempo estava relacionado com Exu, o diabo, a que se sacrifica no começo das funçanatas, Obaluaiê, o santo da varíola, Ogum, o deus da guerra, Oxóocí, Eíulé, Oloro-Kê, Obalufan, Orixá-Agô, Oxumaré, Orixá-Ogrinha, Ayrá, Orominha, Ogodô, Oganju, Baru, Orixalá, Bainha, Dadá, Percuã, Coricotó, Doú, Alabá, Ari e as divindades beiçudas, esposas dos santos – Aquará, Oxum-Gimoun, Aiá-Có, a mãe da noite, Inhansam, Obiam, esposa de Orixálá; Orainha, Ogango, Jená, mulher de Elôquê; Io-Máo-Já, a dona de Orixáocô; Oxum de Xangô e até Obá, que, príncipe neste mundo, é no éter hetairia do formidável santo Ogodô.

Os fetiches contaram-me a história de Orixá-Alum, o maior dos santos que aparece raras vezes só para mostrar que não é de brincadeiras, e eu assisti às cerimônias do culto, em que quase sempre predomina a farsa pueril e sinistra. Diante dos meus olhos de civilizado, passaram negros vestidos de Xangô, com calça de cor, saiote encarnado enfeitado de búzios e lantejoulas, avental, babadouro e gorro; e esses negros dançavam com Oxum, várias negras fantasiadas, de ventarolas de metal na mão esquerda e espadinha de pau na direita. Concorri para o sacrifício de Obaluaiê, o santo da varíola, um negro de bigode preto com a roupa de Polichinelo e uma touca branca orlada de urtigas. O santo agitava uma vassourinha, o seu xaxará, e nós todos em derredor do babalorixá víamos morrer sem auxílio de faca, apenas por estrangulamento, uma bicharada que faria inveja ao Jardim Zoológico.

Os africanos, porém continuavam a guardar o mistério da preparação.

– Vamos lá, dizia eu, camarário, como é que faz para matar um cidadão qualquer? Eles riam, voltavam o rosto com uns gestos quase femininos.

– Sei lá!

Outros, porém tagarelavam:

– V. S. não acredita? É que ainda não viu nada. Aqui está quem fez um deputado! Os nomes conhecidos surgiam, tumultuavam, empregos na polícia, na Câmara, relações no Senado, interferências em desaguisados de famílias notáveis.

– Mas como se faz isso?

– Então o senhor pensa que a gente diz assim o seu meio de vida?

E imediatamente aquele com quem eu falava, descompunha o vizinho mais próximo porque, membros de uma maçonaria de defesa geral, de que é chefe, o Ojó, da Rua dos Andradas, os pretos odeiam-se intimamente, formam partidos de feiticeiros africanos contra feiticeiros brasileiros, e empregam todos os meios imagináveis para afundar os mais conhecidos.

Acabei julgando os babalorixás sábios na ciência da feitiçaria como o Papa João XXII e não via negra mina na rua sem recordar logo o bizarro saber das feiticeiras de d'Annunzio e do Sr. Sardou. A lisonja, porém, e o dinheiro, a moeda real de todas as maquinações dessa ópera pregada aos incautos, fizeram-me sabedor dos mais complicados feitiços.

Há feitiços de todos os matizes, feitiços lúgubres, poéticos, risonhos, sinistros. O feiticeiro joga com o Amor, a Vida, o Dinheiro e a Morte, como os malabaristas dos circos com objetos de pesos diversos. Todos, entretanto são de uma ignorância absoluta e afetam intimidades superiores, colocando-se logo na alta política, no clero e na magistratura. Eu fui saber, aterrado, de uma conspiração política com os feiticeiros, nada mais nada menos que a morte de um passado presidente da República. A principio achei impossível, mas os meus informantes citavam com simplicidade nomes que estiveram publicamente implicados em conspirações, homens a quem tiro o meu chapéu e aperto a mão. Era impossível a dúvida.

– O presidente está bem com os santos, disse-me o feiticeiro, mas bastava vê-lo à janela do palácio para que dois meses depois ele morresse.

– Como?!

– E difícil dizer. Os trabalhos dessa espécie fazem-se na roça, com orações e grandes matanças. Precisa a gente passar noites e noites a fio diante do fogareiro, com o tessubá[3] na mão, a rezar. Depois se matam os animais, às vezes um boi que representa a pessoa e é logo enterrado. Garanto-lhe que dias depois o espírito vem dizer ao feiticeiro a doença da pessoa.

– Mas por que não matou?

– Porque os caiporas não me quiseram dar sessenta contos.

– Mas se você tivesse recebido esse dinheiro e um amigo do governo desse mais?

– O feitiço virava. A balança pesa tudo e pesa também dinheiro. Se Deus tivesse permitido há essa hora, os somíticos estariam mortos.

[3] Espécie de rosário.

Esse é o feitiço maior, o *envoutement*[4] solene e caro. Há outros, porém, mais em conta. Para matar um cavalheiro qualquer, basta torrar-lhe o nome, dá-lo com algum milho aos pombos e soltá-los numa encruzilhada. Os pombos levam a morte... É poético. Para ulcerar as pernas do inimigo um punhado de terra do cemitério é suficiente. Esse misterioso serviço chama-se *etu*, e os babalorixás resolvem todo o seu método depois de conversar com os ifá, uma coleção de 12 pedras. Quando os ifá estão teimosos, sacrifica-se um cabrito metendo as pedras na boca do bicho com alfavaca de cobra.

Os homens são em geral volúveis. Há o meio de os reter *per eternum*[5] sujeitos à mesma paixão, o *efifá*, uma forquilha de pau preparada com besouros, algodão, linhas e ervas, sendo que durante a operação não se deve deixar de dizer o ojó, oração. Se eu amanhã desejar a desunião de um casal, enrolo o nome da pessoa com pimenta da costa, malagueta e linha preta, deito isso ao fogo com sangue, e o casal dissolve-se; se resolver transformar Catão, o honesto, no mais desbriado gatuno, arranjo todo esse negócio apenas com um bom *tira*, um rato e algumas ervas! E maravilhoso.

Há também feitiços porcos, o *mantucá*, por exemplo, preparado com excremento de vários animais e coisas que a decência nós salva de dizer; e feitiços cômicos como o terrível *xuxuguruxu*... Esse se faz com um espinho de Santo Antônio besuntado de ovo e enterra-se à porta do inimigo, batendo três vezes e dizendo:

– *Xuxuguruxu io le bará...*

Para o homem ser absolutamente fatal, D. Juan, Rotschild, Nicolau II e Morny, recolhi com carinho uma receita infalível; É mastigar orobô quando pragueja, trazer alguns *tiras* ou breves escritos em árabe na cinta, usar do ori para o feitiço não pegar, ter *aléni* do *xorá*, defesa própria, o *essiqui*, cobertura e o *irocó*, defumação das roupas, num fogareiro em que se queima azeite de dendê, cabeças de bichos e ervas, visitar os babalorixás e jogar de vez em quando o até ou a praga. Se apesar de tudo isso a amante desse homem fugir, há um supremo recurso: espera-se a hora do meio dia e crava-se um

[4] Envultamento, encantamento, fascinação.

[5] Para sempre.

punhal detrás da porta.

Mas o que não sabem os que sustentam os feiticeiros, é que a base, o fundo de toda a sua ciência é o Livro de São Cipriano. Os maiores alufás, os mais complicados pais de santo, têm escondida entre os *tiras* e a bicharada uma edição nada fantástica do São Cipriano. Enquanto criaturas chorosas esperam os quebrantos e as misturadas fatais os negros soletram o São Cipriano, à luz dos candeeiros...

O feitiço compõe-se apenas de ervas arrancadas ao campo depois de lá deixar dinheiro para o saci, de sangue, de orações, de galos, cabritos, cágados, azeite-de-dendê e do livro idiota. É o desmoronamento de um sonho!

Os feiticeiros, porém, pedem retratos, exigem dos clientes coisas de uma depravação sem nome para agir depois fazendo o egun, ou evocação dos espíritos, o maior mistério e a maior pândega dos pretos; e quase todos roubam com descaro, dando em troco de dinheiro sardinhas com pó de mico, cebolas com quatro pregos espetados, cabeças de pombo em salmoura para fortalecer o amor, uma infinita série de extravagâncias. Os trabalhos são tratados como nos consultórios médicos: a simples consulta de seis a dez mil réis, a morte de homem segundo a sua importância social e o recebimento da importância por partes. Quando é doença, paga-se no ato – porque os babalorixás são médicos, e curam com cachaça, urubus, penas de papagaio, sangue e ervas.

A polícia visita essas casas como consultante. Soube nesses antros que um antigo delegado estava amarrado a uma paixão, graças aos prodígios de um galo preto. A polícia não sabe, pois que alguns desses covis ficam defronte de casas suspeitas, que há um tecido de patifarias inconscientes ligando-as. Mas não é possível a uma segurança transitória acabar com um grande vício como o Feitiço. Se um inspetor vasculhar amanhã os jabotis e as figas de uma das baiúcas, à tarde, na delegacia os pedidos choverão...

Eu vi senhoras de alta posição saltando, às escondidas, de carros de praça, como nos folhetins de romances, para correr, tapando a cara com véus espessos, a essas casas; eu vi sessões em que mãos enluvadas tiravam das carteiras ricas notas e notas aos gritos dos negros malcriados que bradavam.

– Bota dinheiro aqui!

Tive em mãos, com susto e pesar, fios longos de cabelos de senhoras que eu respeitava e continuarei a respeitar nas festas e nos bailes, como as deusas do Conforto e da Honestidade. Um babalorixá da Costa da Guiné guardou-me dois dias às suas ordens para acompanhá-lo aos lugares onde havia serviço, e eu o vi entrar misteriosamente em casas de Botafogo e da Tijuca, onde, durante o inverno, há recepções e *conversationes* às cinco da tarde como em Paris e nos palácios da Itália. Alguns pretos, bebendo comigo, informavam-me que tudo era embromação para viver, e, noutro dia, tílburis paravam à porta, cavalheiros saltavam, pelo corredor estreito desfilava um resumo da nossa sociedade, desde os homens de posição às prostitutas derrancadas, com escala pelas criadas particulares. De uma vez mostraram-me o retrato de uma menina que eu julgo honesta.

– Mas para que isso?

– Ela quer casar com este.

Era a fotografia de um advogado.

– E vocês?

– Como não quer dar mais dinheiro, o servicinho está parado. A pequena já deu trezentos e cinquenta. Tremi romanticamente por aquela ingenuidade que se perdia nos poços do crime à procura do Amor...

Mas esse caso é comum. Encontrei papelinhos escritos em cursivo inglês, puro Coração de Jesus, cartões-bilhetes, pedaços de seda para misteres que a moralidade não pode desvendar. Eles diziam os nomes com reticências, sorrindo, e eu acabei humilhado, envergonhado, como se me tivessem insultado.

– A curiosidade tem limites, disse a Antônio que desaparecera havia dias para levar aos subúrbios umas negras. Se eu dissesse metade do que vi, com as provas que tenho!... Continuar é descer o mesmo abismo vendo a mesma cidade misteriosamente rojar-se diante do feitiço... Basta!

– V. S. não passou dos primeiros quadros da revista. É preciso ver as loucuras que o feitiço faz, as beberagens que matam, os homicídios nas camarinhas que nunca a polícia soube; é preciso chegar à apoteose. Venha...

E Antônio arrastou-me pela rua, do General Gomes Carneiro.

O Culto do Mar

O Culto do Mar é praticado pelos pescadores das nossas praias. É um culto variado, cosmólatra e fantasista, em que entram a lua e alguns elementos divinizados.

– Não conhece os nossos pescadores? Gente tranquila. Raramente se agridem e sempre por questão de pesca.

Os pescadores formam um corpo distinto, diverso dos catraieiros, dos marítimos, dessa população ambígua e viciada que anda no cais à beira das ondas perturbadoras. Não há canto da nossa baia que não tenha uma colônia de pescadores. Vivem todos muito calmos, sem saber do resto do mundo. Enfim, uma classe à parte, com festas próprias, que não se afasta do oceano e é unida pelo culto do mar. Os pescadores são os últimos idólatras das vagas. Conversar com eles é ter impressões absolutamente inéditas de moral, de filosofia e de religião.

– Mas essas colônias são brasileiras? – Indaguei do meu informante.

– Não. Há colônias só de portugueses, como a de Santa Luzia e de Santo Cristo, de portugueses e brasileiros, como em Sepetiba, de italianos apenas, de brasileiros só. Uma série de núcleos ligados pela crença. São outros homens. Nascem de mães pescadoras, partejadas quase sempre por curiosas, vivem nas praias, nunca as abandonam. Aos quatro anos nadam, aos dez remam e acompanham os parentes às pescarias, e assim passam a existência, familiarizados apenas com as redes, os apetrechos de pesca e o calão, o pitoresco calão marítimo.

O oceano imprime-lhe um cunho especial, são propriedades do mar. Nunca reparaste nos pescadores? Têm os pés diferentes de todos, uns pés contráteis que se crispam nas pranchas como os dos macacos; andam a bambolear, balouçando como um barco, e a sua pele lustrosa tem o macio grosso dos veludos. A alma dessa gente conserva-se ondeante, maravilhosa e simples.

– Mas os pescadores são cristãos?

– Está claro. Mas cristãos puros é difícil encontrar hoje afora os evangelistas e os sírios.

– Lembro-me da festa de Nossa Senhora, na Lapa.

– É outra coisa.

– Vi em Santa Luzia a devoção de São Pedro.

– Era promessa de um rapaz que, por falta de meios não a continua. Deixemos Nossa Senhora e São Pedro. Falo de um culto que emana no intimo respeito das ondas. Todos os pescadores das praias e das ilhas próximas festejam, sacrificam ao mar e têm um objeto especial de devoção. Não há nenhum que não tema a Mãe d'Água, a Sereia, os Tritões e não respeite a Lua. Conheço três manifestações desse culto. A Mãe d'Água entre os pescadores de Santo Cristo e de Santa Luzia, a da Lua, e do Mar e a do Arco-Íris.

– O Arco-Íris?

– Em Sepetiba. É dos mais completos e dos mais belos, tendo como sacerdote uma mulher. O Arco-Íris, a adoração de um deus que se curva nas nuvens policromo e vago, que ergue das ondas um facho de luzes brandas e desaparece, o terror daquilo que se desfaz, sem que se saiba como! Era uma fantasia! Mas os cosmólatras inventam tanta coisa para perfumar a sua ignorância, que bem podia ser.

– Não há dúvidas – disse o meu amigo. – O Arco-íris, é uma antiquíssima divindade, um anúncio dos céus. Lembra-te disso e acompanha-me.

Acompanhei-o, durante um inverno, muito úmido e muito estrelado. Os pescadores têm um temor incalculável da polícia. Desde que um curioso aparece, guardam segredo das suas crenças e negam toda e qualquer coparticipação em religião que não seja a católica. Como são primitivos e rudimentares, porém, a bondade que têm é fundamental, transforma-os e não há nenhum que não acabe confiante e falador, exagerando para espantar os mistérios cosmológicos. Esses mistérios são de uma beleza delicada e antiga, de uma beleza de rapsodos que relembra as fantasias escandinavas e helenas, um montão de lendas e de ritos enervantes. Há nas práticas e nas ideias trechos de Hesíodo, de Cristo e dos pretos-minas e a gente afunda-se, quando os quer guardar, num banho de cristal batido pelo sol.

Quase sempre os diretores das festas, os sacerdotes não são pescadores. Em Santo Cristo é o padeiro Carvalho, homem de posses – diz o meu amigo. Os sacrifícios são feitos geralmente à noite.

Vamos os dois interrogar os pescadores. Essa gente teme a Mãe d'Água, tendo a longínqua recordação de que ela aparece vestida de branco seguida de homens barbados de verde. A aparição feminina grita de repente, apaga as luzes na barca, faz as cerrações, afasta os peixes, e às vezes canta.

– Como a Darclée?

– Como as sereias meu caro. Os pescadores têm que cair no fundo da barca tapando os ouvidos. Ulisses amarrava-se...

Para aplacar a deusa do mar, ser impalpável e lindo, os pescadores fazem o sacrifício de um carneiro. Matam o bicho à beira do oceano; o sangue cai numa cova aberta na areia. Depois partem canoas levando pedaços do animal com presentes que deixam cair no fundo da baía com uma oração votiva.

Um rapazola, lindo como o Apolo do Belvedere, responde às nossas perguntas: – Eu fui batizado, patrão. – Mas sabe a história da Mãe d'Água?

– Sei, sim. Aqui, para Mãe d'Água ser boa fazem-se despachos. Na ilha do Governador compram tudo do mais fino, põem à mesa à beira da praia, com talheres de prata, copos bonitos, a toalha alva e galinhas sem cabeça, para a santa comer.

– Que diferença há entre Nossa Senhora e a Mãe d'Água? – indago interessado.

– Nossa Senhora está no céu. Mãe d'Água é diferente; é a devoção, é como um santo do Mar... E sopra-me na cara uma baforada de fumo mau.

O meu amigo, cheio de literatura, declama logo:

– Não compreendes! A água é em toda a parte uma religião. O Nilo foi feito das lágrimas de Isis, o Ganges é o fator da crença da imortalidade, os gregos povoaram o mar de habitantes sagrados.

Lembra-te dos arias ao descer do planalto: – "Ó mar, grande laboratório!..." Laboratório da vida da crença.

E leva-me a outra praia, a compreender como tudo

depende do mar e da lua. Ele conhecia um velho pescador, José Belchior. O velho recebe-o com intimidade e conta-me o que pensa deste mundo. É curiosíssimo.

Para José o mar representa o homem, o princípio ativo. Por isso o mar é superior em tudo a terra, que como a mulher só serve para o descanso. O oceano circunda a terra num longo abraço. O mar só sofre uma influência, a da lua, que mostra a sua face de trinta em trinta dias e o faz inquieto e a arfar. Nela mora Nossa Senhora com o seu filho Jesus, e esse doce lampadário de ouro desencadeia os ventos, faz as tempestades, esconde os peixes, baixa as marés e guia as naves. Se Nossa Senhora quisesse, parava a lua quando ela vem cheia, e tudo seria então magnífico. Como as coisas não são assim, fazem-se promessas, pede-se aos santos para interceder e, nas noites de luar, fazem uma passeata em embarcações com velas de cera acesas na mão e rezando baixinho.

Todas essas pequenas modalidades reúnem-se em Sepetiba no culto geral do Arco-íris. Há festas de três em três meses, despachos simples e uma grande solenidade, que já foi feita a dois de fevereiro e atualmente se realiza em junho, no dia de São Pedro. Estive lá nesse dia. A sacerdotisa é uma portuguesa reforçada, que se chama Maria Matos da Silva. Só são permitidos na festa pescadores, e os pescadores vão de toda a parte ao culto singular. A casa de Maria da Silva fica mesmo no ponto dos bondes, e nos dias de festa está toda adornada de folhagens e galhardetes. Todos, lavados e de roupas claras, a dona da devoção manda buscar os negros feiticeiros para preparar os ebós e fazer a matança dos animais.

Ela própria deita as cartas para saber quem deve ir levar os sacrifícios e os desejos sutis do Arco-íris. No interior da casa, onde ardem velas, é proibida a entrada com exceção das que tomam parte nos sacrifícios. Em frente os pescadores bebem, cantam e dançam o cateretê. Se por acaso no céu se curvam as cores do espectro, prosternam-se todos radiosos clamando pelo milagre. O milagre, porém, como todo o milagre, é raro. Maria da Silva tem sempre a seu lado o coronel Rodrigues, velho guarda nacional, que com os pés metidos em grossos tamancos, sentencia máximas morais para a assembleia. Os pescadores que apanham na rede um boto levam-no à mulher do culto para preparo do azeite das festas sagradas.

Vou pela praia, alanhada por um vento álgido. No céu aparecem nuvens, na areia descansam três barcas enfeitadas. Um rapazola guarda-as. É ele quem nos dá informações a respeito da gente que dança. Reina entre estas criaturas uma perfeita amoralidade. Como não há barulhos graves, não se vai à polícia. Conselhos dão os velhos. A mulher serve para procriar, obedece cegamente ao homem, cose, trabalha, é inferior. O macho domina. O respeito aos anciãos existe, porque estes sabem das manhas dos peixes, anunciam as tempestades, ensinam. Quanto ao amor, deve ser muito diverso do nosso...

– E as festas, quem as faz?

– Para as festas concorrem todos.

Das três barcas que eu via, a primeira era para o Arco-íris, a segunda para a Mãe d'Água e a terceira acompanharia as duas formando a trilogia, duas na frente e uma atrás.

O meu amigo, lembrando mitologias diversas, quis saber a razão desse triângulo. O rapaz respondeu apenas:

– É costume.

É costume também pagar em todas as religiões. Tanto os feiticeiros como os condutores das barcas recebem dinheiro. Os remadores pertencentes ao Arco-íris têm seis mil réis, os da Mãe d'Água três e os acompanhadores nove. À noite, já no céu negro o crescente lunar, depois dos búzios e dos baralhos terem indicado os dias em que não se poderá pescar, começa o sacrifício.

Forçado a ficar de longe, embrulhado num paletó em que tiritava, vi sair da casa da Maria uma teoria de camisolas brancas com as lanternas de azeite de boto na mão, acompanhando dois homens, um vestido de seda, outro de cetim.

O primeiro era o voga da canoa do Arco-íris, o segundo ia dirigir a da Mãe d'Água. As canoas foram arrastadas para o mar. Na do Arco-íris iam os mais finos presentes com os despachos, na da Mãe d'Água objetos caros e femininos. Quando as canoas partiram em direção ao Norte, levando aqueles estranhos remadores vestidos de morim branco, os que ficaram na praia levantaram os braços, e a Maria da Silva, na turba, sorria como quem se desobriga de uma promessa sagrada.

– E ao voltarem, que há? – Indaguei ao rapaz.

– Voltam de costas, de frente para o mar, entram assim em casa; os remadores, menos os do Arco-íris, batem com a cabeça no chão, e a festa continua.

– Mas que é o Arco-íris, afinal?

– O Arco-íris indica se a gente está bem com Deus. É um aviso, o sinal da união, o único meio por que o mar se deixa ver... E a crença.

Olhei mais o oceano soluçante sob o vento álgido. As barcas todas acesas de luzes frouxas perdiam-se na fosforescência lunar; os remadores cantavam, e eu ouvia como a copla de uma barcarola nostálgica. Em frente da casa de Maria, o cateretê delirava e sombras de adolescentes desciam as praias ágeis e finas.

A Maria, sentada, sorrindo, era indecifrável.

E para que decifrá-la? O seu culto era o culto de todas as épocas e de todos os homens. O mar continua a ser o grande mistério. Para os espíritos simples que temem o diabo e guardam na alma crenças acumuladas, só a Lua com a imagem de Nossa Senhora pode explicar a angústia do mar e só as sete cores do arco do céu podem simbolizar o vago mistério da união do oceano e do homem.

JUBIABÁ

Severiano Manoel de Abreu, também conhecido como Jubiabá, nasceu em 20 de abril de 1886 e desencarnou em 28 de outubro de 1937. Foi capitão do Exército de Salvador.

Foi um dos mais famosos babalorixás baianos do Candomblé de Caboclo. Seu terreiro estava localizado no Morro da Cruz. Recebia o Caboclo Jubiabá, que foi o caboclo mais famoso da Bahia, de tal modo a chamarem o pai de santo pelo nome do caboclo. Foi pai de santo de dois importantes babalorixás: Joãozinho da Goméia e Orlandino Cobra Coral.

Figura 4: Capa de uma das edições do livro *Jubiabá*.

Foi tema do quarto livro publicado por Jorge Amado, *Jubiabá*, que conta a história de um dos primeiros heróis negros da literatura brasileira. Jubiabá e Jorge Amado tiveram uma acirrada discussão através das páginas do jornal por causa do romance.

O primeiro texto da série de notas, artigos e reportagens sobre a cultura afro-baiana foi publicado em *O Estado da Bahia*, em nove de maio de 1936 com o título *As macumbas*. Cita o jornal:

> Através de interessantes reportagens do *Estado da Bahia* e o subtítulo *Jubiabá*, o célebre pai de santo, ouvido por nós, faz sensacionais revelações.

Em 11 de maio de 1936, *O Estado da Bahia* publicou uma entrevista com Jubiabá, com o título "No mundo cheio de mistérios dos espíritos e pais de santos". Iniciando uma larga reportagem sobre espiritismo e candomblés o *Estado da Bahia* viu e ouviu o famoso Severiano Manoel de Abreu. O jornal citava:

> "De incrédulo a médium curador" – Cruz do Cosme e seu reduto – Até entre os espíritos há melindres e vaidades – Pai de 22 filhos vivos e influência política.

A *Folha de São Paulo*, em 31 de outubro de 2015 publicou:

> Na década de 1930, Jubiabá era uma figura religiosa de prestígio em Salvador. Em busca de aconselhamento, muita gente ia à sua casa no Alto da Cruz do Cosme, incluindo membros da elite local. Jorge Amado – que não o conhecia pessoalmente – usa sua imagem como inspiração para o personagem de seu livro homônimo, o feiticeiro negro consultado pelo protagonista Antônio Balduíno.
> Sofreu com a intensificação da perseguição religiosa que assolava a Bahia naquela década. Herança dessa repressão, a cadeira usada por ele em rituais acaba de ser entregue a seus sucessores religiosos, num processo de devolução inédito no país. A cadeira de mando de Jubiabá— espécie de trono.

A banda Paralamas do Sucesso gravou uma música sobre o tema:

Jubiabá

É ele o estivador
Seu swing é o suor
Toda nega faz amor com ele
Toda branca tem o maior tesão

Arerê de confusão na pele
É Jubiabá seu protetor
Balduino guerreia
É de canto e de samba
É comum no coração
Luta pela divisão
Na beira do mangue é rei
Despediu-se um grande amor
Uma bala cega sem destino
Foi no peito do trabalhador
Esse era o sonho do menino
Balduino sempre vencedor
Balduino guerreia

Edison Carneiro[6] cita Jubiabá:

> Também Oxóssi, deus da caça, veio para a festa da macumba de Pai Jubiabá. Vestia de branco, verde e um pouco de vermelho, um arco distendido com a sua flecha, pendurados de um dos lados do cinto. Trazia, daquela vez, além do capacete de metal com casco de pano verde, um espanador de fios grossos. E não é sempre que Oxóssi, o deus da caça, o grande caçador, traz o seu espanador de fios grossos. Jubiabá era reverenciado pelo santo. Braços em ângulos saudavam Oxóssi, o deus da caça.

[6] *Religiões Negras*, Rio de Janeiro: *Civilização Brasileira*, 1991. Terceira edição.

JUCA ROSA

José Sebastião da Rosa, mais conhecido como Juca Rosa, foi um dos líderes religiosos negros mais importantes do Rio de Janeiro. Filho de mãe africana, nasceu em 1833. Era alfabetizado. Foi Praça do Exército. Exerceu as funções de cocheiro e alfaiate antes de se tornar líder de uma seita religiosa, com muitos adeptos, onde era conhecido como Pai Quimbombo, tido como possuidor de grande força sobrenatural.

Passou alguns meses na Bahia aprendendo os mistérios da religião africana. Quando voltou ao Rio de Janeiro, montou um terreiro de grande fama no bairro de Pequena África, onde os negros provenientes do Norte e Nordeste se concentravam.

Os periódicos da época o chamavam de "feiticeiro negro". Era tema de matérias jornalísticas em função de seu envolvimento com prostitutas, costureiras, mulheres pobres e negras, senhoras brancas e casadas oriundas de famílias importantes na vida política da Corte. A maioria de seus seguidores eram mulheres que eram atraídas pelos seus atrativos e olhar penetrante. Estava sempre bem vestido e usava joias caras. Além dos escravos e negros libertos, muita gente importante o seguia como: políticos, comerciantes, membros da elite social e intelectuais. Estabeleceu relações com pessoas importantes da sociedade e seus ritos e festas reuniam em sua casa essa gente que ia a busca de seus conselhos e curas.

Ele era conhecido por "provocar paixões, tirar a potência

sexual dos homens, fazê-los adoecer e sucumbir a moléstias". Tudo por dinheiro – escreviam os redatores dos jornais.

Juca Rosa atendia em uma vila localizada à Rua do Núncio, em frente a um congá com imagens. Em um ambiente de pouca luz, aconteciam as macumbas. Distribuía patuás para usar junto ao pescoço. Incorporava o Pai Quimbombo. No seu terreiro recebia gente importante, além de belas senhoras que ele enfeitiçava e alegravam a vida de Juca.

Através de uma denúncia anônima, publicada no *Diário de Notícias*, dirigida ao segundo delegado de polícia da Corte, acusando-o de envolvimento sexual com várias mulheres, interrompeu suas atividades e foi preso e processado por estelionato. O fato tornou-se um prato cheio para a imprensa. Virou notícia em diversos jornais de várias capitais brasileiras.

Segundo o *Diário de Notícias*, quem o acusava era um jovem de 24 anos que conheceu o Juca, quando procurou tratamento para um braço doente. Pagou 30 mil réis, como adiantamento, para compra de medicamentos e participou de um ritual. Assistiu Juca realizar uma "amarração": cercado de "bugigangas", descalço e sem paletó. Conforme o denunciante, ele transformava inimizade em afeição, aconselhando também métodos para vencer qualquer dificuldade cotidiana. De acordo com a matéria do jornal, "era nesse momento que todos os assistentes lhe beijavam a mão direita e batiam com a cabeça no chão".

O julgamento teve início no dia cinco de janeiro de 1871, mas Juca já estava preso há oito meses. A sala estava lotada de autoridades, gente importante, mulheres e seguidores, dando um tom festivo ao tribunal. Seu advogado foi o Dr. Felipe Jansen de Castro Albuquerque. De acordo com o *Diário de Notícias*, os advogados de acusação tiveram que conduzir uma "luta heroica para arrancar a verdade" de testemunhas aterrorizadas pelo olhar que Juca lhes lançava. O periódico, no sentido de vender mais exemplares, prosseguiu sua campanha destacando feitiços e mortes promovidos por ele e alertando as autoridades para prosseguir seu julgamento com "louvável energia".

Foi, condenado. Não por mandingas e macumbarias, pois o Código Criminal do Império não contemplava crimes desse tipo. Foi condenado por estelionato. Foi libertado após cumprir seis anos de prisão, em 26 de julho de 1877.

Em uma sociedade organizada com base na escravidão e no poder dos brancos, o debate surgido em torno do julgamento de um religioso negro que adquiriu fama e prestígio.

Na cidade de Eunápolis, na Bahia, há um bairro chamado Juca Rosa que fica às margens da BR 101. Em 2009, Gabriela dos Reis Sampaio escreveu um livro intitulado *Juca Rosa: um pai de santo na Corte Imperial*, publicado pelo Arquivo Nacional, fruto de doutorado em História pela Universidade Estadual de Campinas em 2000. Na resenha do livro podemos ler:

> A obra reconstitui diferentes aspectos da sociedade brasileira, especialmente carioca escravista e paternalista do período. Nas mãos da autora o famoso caso de Juca Rosa aparece como uma janela por meio da qual a autora penetra nos desvãos da sociedade escravista urbana da corte, para recuperar não apenas a dinâmica da crenças existentes entre as camadas populares cariocas, mostrando como estas estavam embebidas de ritos de origem africana, mas também para penetrar nas relações sócias que moldavam a sociedade escravista.

Fontes consultadas:
http://historiahoje.com
https://www.blackpagesbrazil.com.br

Figura 5: Juca Rosa. *https://riothen.wordpress.com.*

O BURACO QUENTE

Cidade do Rio, n. 217, 12 de junho de 1902

Providências

Há uma dança, ou melhor, que nome tenha, que, entre os pretos minas, é conhecido pelo nome de macumba.

Pois bem: essa dança é muito usada entre os moradores do morro do Trapicheiro, – homens, mulheres, crianças, executam a macumba, debaixo de uma algazarra infernal, acompanhada, como sempre, de palavras imorais, proferidas em altas vozes.

Essa festa é feita todos os sábados.

Os que tiverem a infelicidade de residir em uma das casas do fim da Rua dos Araújos, fatalmente, têm de passar o sábado em vigília forçada, podendo dormir tão somente no domingo.

No meio de tal dança há uma cantiga, acompanhada de vozes desafinadas e de tal entonação que incomoda pela monotonia.

Disseram-nos que aquilo é o terço rezado. Qual terço!

Aqueles gritos, que são ouvidos até no Andaraí Grande, os cantos da macumba podem ser lá chamados de terço rezado! O melhor da festa é que naquele célebre morro existe um lugar chamado *Buraco Quente*, que é o quartel general de todos os vagabundos, desertores de todas as corporações e mulheres de vida fácil.

Tudo ali se reúne! A cada passo, ouvíamos uma pergunta. *Fulano! Vieste do Buraco Quente!* A resposta é sempre acompanhada de uma palavra injuriosa que profere o interpelado.

Aquilo é coisa fácil de acabar-se se assim entender a polícia da 10ª Circunscrição. Mas, talvez que ela ignore em absoluto o que se passa no morro dos Trapicheiros.

QUANDO ESTAVAM EM SESSÃO A POLÍCIA DEU NA MACUMBA

A Rua, n. 86, 30 de março de 1918

Um espanhol, a quem conhecem pelo nome de Pinto e uma crioula a quem chamam apenas Anna, fizeram-se amantes e foram cavar a vida, lá pela Parada do Colégio e cavaram-na com o maior provento, porque volta e meia faziam sessões de feitiçaria, as quais compareciam dezenas e dezenas de toleirões.

A polícia do 23° Distrito, há tempo, vinha diligenciando para descobrir a toca dos patifes, até que o conseguiu, fazendo cerca-la.

Esta diligência foi competida às praças do destacamento do Honório Gurgel, que sob as ordens do respectivo comandante, cabo José Ignácio, cercaram hoje pela manhã o "santuário" do Pinto e da Anna, justamente minutos depois do início de uma das sessões.

Com a chegada da polícia foi um alvoroto medonho. Nada menos de 42 crentes estavam lá dentro, dos quais a polícia conseguiu prender 12, entre os quais os donos da casa, sendo recolhidos ao xadrez daquele destacamento, de onde serão mais tarde transferidos para a delegacia.

Os demais conseguiram escapar entre os dedos dos policiais.

UMA MACUMBA VISITADA PELA POLÍCIA

A Rua, n. 176, 5 de maio de 1927

O Dr. Franklin Galvão acompanhado do Comissário Alexandre, varejou ontem à noite a macumba da Rua do Costa, n. 24, onde se reuniam cerca de 20 pessoas, entre homens e mulheres.

O delegado mandou os "visitantes" em paz e efetuou a prisão de Martins Gonçalves e Jesus Antero de Almeida, os responsáveis pela reunião que foram trancafiados no xadrez.

VIVA OGUNJÁ!

O Imparcial (BA), 20 de maio de 1920

E a polícia deu no candomblé do Procópio

Às duas horas da madrugada de ontem, o Dr. Pedro Gordilho, 1° delegado auxiliar, acompanhado de seu ordenança e cinco soldados, dirigiu-se ao Matatú Grande, distrito de Brotas, em visita à casa de Procópio.

O Procópio é um descendente de africanos, que tem quitanda no Gravatá!

Mas no Matatú, no lugar conhecido por Gronocô, em casa de Procópio, havia um candomblé arrojado. Pai de santo, o Procópio reunia toda noite os seus fiéis para a prática do fetichismo, e isto chegou aos ouvidos da autoridade.

O cerco – A fuga do ogan – A busca

Chegando à casa, o delegado fê-la cercar pelos policiais e entrou com o ordenança. Neste ínterim, o ogan Procópio saltou por uma janela do lado e fugiu.

Tomadas as entradas do antro, foi procedida a vistoria na casa.

Uma coisa nojenta! Utensílios de Candomblé por todo canto: gente, homens e mulheres de todas as idades na mais porca promiscuidade.

Em um quarto escuro e mal cheiroso, uma porção de palhas, purrões,[7] quartinhas cheias de terra, de lama e outros objetos.

Pelas paredes, pendurados, santos de pau, chocalhos, estampas e uns papelões com os dizeres "Viva Ogunjá".

A prisão dos fiéis

Havia no antro 26 pessoas, entre homens e mulheres, inclusive meninas entre 10 a 14 anos de idade.

Como dispusesse de somente cinco praças, o delegado fez amarrar pelas mãos, uns aos outros, todos os 26 fiéis e assim os trouxe para o xadrez da 1ª delegacia auxiliar, de onde foram soltos ontem mesmo.

[7] Vasilhames de barro para armazenar água para beber.

A apreensão dos bozós

Pela autoridade foram apreendidos e trazidos para a delegacia todos os "bozós do culto".

Uma variedade esquisita e interessante: atabaques, chocalhos, santos de pau, cabaças, facas, espadas, cetros, maracás, xaxarás etc. Peças de vestuário dos santos, como gorros, coroas, ajás ou faixas de cetim, saietas, oxés ou roupas do ogan, miçangas em quantidade, ou seja, contas, bordados e outros enfeites; enfim uma variedade curiosa de bugigangas usadas nos cultos de Obaluaiê, Iansan, Ogum, Oxóssi, Iemanjá, Oxum, Xangô e Iemanjá.

Figura 6: Dois santos de pau do Candomblé. *O Imparcial* (BA), 20 de maio de 1920.

A ATUAÇÃO DO PAI JACOB

A União, n. 11, 7 fevereiro de 1926

O Espiritismo desfaz um lar

Não é só no Rio que a praga do Espiritismo infesta. Também em São Paulo. Aqui há duas ou três categorias de Espiritismo. O científico, isto é, o frequentado pelos que se presumem cultos, que cuidam do ectoplasma, das materializações, das sonâncias, das transmissões de matéria de uma cidade para outra, e outros fatos científicos maravilhosos.

O rural, isto é, o de sessões ingênuas, em que se reúnem algumas pessoas em uma sala de visitas de família suburbana, onde se fazem passes, orientação, parlendas e invocações.

Finalmente, o espiritismo de feitiçaria, que atua nas macumbas, onde se dão os casos típicos de magia negra.

O resultado disso tudo é a loucura e tudo o que possa prejudicar a saúde moral do indivíduo e da sociedade.

Ora, o demônio sabe como agir e para isso tem a seu favor a luminosidade da palavra, paciência e a ignorância popular.

Em São Paulo, como já dissemos, o Espiritismo vem agindo na sua terrível destruição e o demônio está se regozijando com o resultado de suas mentiras.

Imaginem os leitores que lá se inculca de Pai Jacob, um negro da Costa da África, em com essa negra pele ele orienta sessões.

O caso que queremos contar aos leitores é o seguinte:

Em São Paulo no dia 19 último, deu-se uma tragédia conjugal.

O caso é do noticiário dos jornais do dia 20.

Um casal que viveu durante dois anos felizes, separou-se devido à mulher passar a frequentar o Espiritismo, praticando uma macumba paulista.

O marido, como não concordava com a história que Pai Jacob contava a sua esposa, depois de uma série de rusgas, foi obrigado a separar-se da mesma.

Havia desse casamento dois filhos, cuja posse foi disputada em juízo.

E o juiz decidiu que até a idade escolar os meninos pertenceriam sua mamãe.

Assim aconteceu. Mas quando os meninos completaram a idade escolar, a mãe não quis se separar dos filhos. O pai exigiu. Depois, ela roubou-os e os enviou para Baependi, Minas Gerais. A justiça foi lá buscá-los. E como era intolerável, a infeliz mulher foi implorá-los ao seu marido. Este não cedeu uma linha. E tanto fez que no dia 19 deste mês o seu marido foi obrigado a alvejá-la com um revólver, no auge de uma discussão.

Ao que nos informam, se essa pobre mãe assim fazia, não era tanto por amor aos filhinhos, e sim porque o Pai Jacob a mandava. Afinal conseguiu o desfecho.

Tornou um infeliz chefe de família assassino e ganhou a alma de uma pobre mulher.

Poderão os nossos leitores consultar a *Folha da Manhã*, de 20 deste mês, aonde veio relatado o epílogo sangrento de um lar que ruiu para sempre e arrastou na sua queda duas crianças inocentes à orfandade.

O pai é dentista formado e a infeliz mãe professora do Estado.

É preciso que se ponha um paradeiro ao Espiritismo, o que ao lado da Igreja Católica, que prega a verdade e nos conduz à salvação, a Justiça brasileira cumpra os preceitos do Código Penal que proíbe os abusos e os malefícios do Espiritismo.

O CAPIM MELADO PROMOVEU UM MACUMBEIRO A SECRETÁRIO DA CÂMARA MUNICIPAL

Critica, n. 16, 8 de dezembro de 1928

Zélio de Moraes, dono de uma frequentadíssima macumba, curou o deputado Federal Dr. Norival de Freitas de uma moléstia, cujo tratamento lhe fizera dispender muito dinheiro, sem o menor resultado.

Profundamente reconhecido com a milagrosa cura, o Dr. Norival mimoseou Zélio de Moraes com o cargo de secretário da Câmara Municipal, o que lhe deu, afinal, maior importância como macumbeiro de primeira grandeza.

A macumba do secretário da Câmara Municipal é concorridíssima, estando assim concebido o canto de abertura.

Baixou, baixou
A Virgem da Conceição
Maria Imaculada
Para tirar a perturbação

Se tiveres praga de alguém
Desde já sejas perdoado
Levando para o mar ardente
Para as ondas do mar sem fim

Realmente, é um belo hino que muito recomenda as qualidades do macumbeiro secretário da Câmara Municipal.

FRANCISCO GUIMARÃES – O VAGALUME

Francisco Guimarães, também conhecido como O Vagalume, foi um famoso repórter do Rio de Janeiro. Nasceu, no Rio de Janeiro, em 1877 e vinha de uma família de trabalhadores negros. Foi auxiliar de trem da Estrada de Ferro Pedro II, atual Central do Brasil, onde começou suas atividades de jornalista, comentando os fatos ocorridos nas linhas. Trabalhou na *Tribuna*, *Crítica* e *Jornal do Brasil*. Além de jornalista foi dramaturgo, um dos cronistas mais populares de sua época na então capital do país, reconhecido por sua obra pioneira *Na Roda do Samba*. Foi o primeiro a retratar o carnaval nos jornais cariocas.

Na Roda do Samba foi publicado em 1933 pela Tipografia São Benedito e contava a história do ritmo e fazendo o registro de seus principais compositores e maiores intérpretes. Faleceu, no Rio de Janeiro em nove de janeiro de 1949.

Figura 7: Francisco Guimarães, o Vagalume. *https://cifrantiga2.blogspot.com.br.*

Juliana Barreto Farias[8] cita:

> Na última página da edição de 12 de janeiro de 1929, em meio às alarmantes notícias sobre o "verdadeiro dilúvio" que desabara sobre a cidade do Rio de Janeiro, os redatores do jornal *Crítica* anunciavam: no dia seguinte, dariam início à publicação de uma reportagem sensacional, de aspectos curiosíssimos, sobre mistérios da mandinga. Dalí até o dia 25 daquele mês, 11 artigos descortinariam a "religião africana", com seus pais de santo, alufás (líderes muçulmanos) e feiticeiros; candomblés, despachos e ebós; enfim, uma vida de estranho fetichismo no Rio, envolvendo personalidades de grande prestígio político, social e mesmo intelectual.
>
> Demonstrando muita intimidade com aquele universo, o redator do inquérito sobre os "mistérios da mandinga" descrevia – com boas doses de admiração e também de ironia – visitas a casas e terreiros de líderes religiosos afamados.
>
> O tratamento diferenciado que a "religião africana" ganhava nas páginas do *Crítica* tinha, pelo menos, uma explicação: o autor daquelas linhas. Como vinha destacado logo na abertura da série, o repórter Francisco Guimarães, o popular Vagalume, era o redator dos sobre o "mundo dos fetiches".

Selecionamos alguns textos da série que publicamos a seguir.

PAIS DE SANTO E "PAIS DE SANTO"

Francisco Guimarães

Critica, n. 47, 13 de janeiro de 1929

Nos famosos candomblés de João Alabá, uns iam por fé, verdadeira devoção e lá pareciam pessoas do outro mundo: indiferentes a tudo e a todos, permaneciam na maior concentração e principalmente no momento em que o santo descia. Outros iam "fazer a obrigação", isto é, iam colar grau, ou

[8] Mistérios da Mandinga – As crônicas de Vagalume e as "Religiões Africanas" no Rio de Janeiro da Primeira República. In: *Religiões Negras no Brasil*. Valéria Costa e Flávio Gomes (orgs.). São Paulo: Selo Negro, 2016.

melhor, tomar posse do seu título, depois de haver satisfeito as exigências do ritual.

Esses títulos correspondem: ogan – uma espécie de oficial de cerimônias, o introdutor do canto para o santo arriar; cambono ou cambona – o que serve ao santo do que ele pede; sambas – as mulheres destinadas à limpeza dos olhos – uma espécie de zeladoras.

Havia um terceiro grupo: os que iam namorar, conquistar mulheres dos outros e marcar *rendez vous* ou então, somente comer ou beber do bom e do melhor e cair no samba!

O cardápio é variado, mas, em maioria, os pratos são temperados com azeite de cheiro ou azeite de dendê.

Ali, naquele acotovelar, naquele burburinho todos são iguais perante a lei... de santo!

Há Pais de Santo e pais de santo: com letra maiúscula e com letra minúscula.

Os primeiros são aqueles que seguiram um verdadeiro curso e foram subindo gradativamente de acordo com o rito da religião africana; em suma os que possuem o Ifá e o segundos são aqueles que do dia para a noite, após haverem frequentados vários candomblés, se arvoraram em pais de santo, escolhendo um ponto mais afastado das zonas suburbana e rural para estabelecerem os seus terreiros ou quartel general das suas ignóbeis explorações.

Não raro, os pais de santo Fritz Mark, são audaciosos e exploradores; exigem grandes quantias, custosos objetos, conquistam senhoras casadas que vão "amarrar" os maridos e seduzem as senhoritas que vão tratar de arranjar casamento rendoso.

As suas reuniões ou sessões são um misto de espiritismo, catolicismo e mandinga.

Dizem sempre que agem por influência de um "protetor" e de um "guia", um caboclo qualquer.

Fazem-se de moralistas, mas, em verdade são os maiores libertinos – mais perigosos sedutores e os mais refinados velhacos.

Como toda a gente, eles frequentam a casa dos Pais de Santo de verdade, aprendendo e consultando-os nos casos mais sérios e rendosos, que lhes estejam afeitos, afim de que possam tirar o melhor partido.

O verdadeiro Pai de Santo, em geral, fala pouco, é muito discreto, mas também não dá o seu quinhão ao vigário.

Os seus trabalhos, são na maioria das vezes casos muito sérios e não raro interessantíssimos.

O Pai de Santo crê em Satanás: ora temendo-o, ora implorando. Há momentos em que o combate e momentos em que implora o seu auxílio, porque dizem eles, que Exu, apesar de haver sido expulso do Paraíso não perdeu, contudo a força ou o poder que Deus lhe dera. Assim acham que é preciso dar-lhe de comer e de beber, dar-lhe coisas como único meio de tapeá-lo.

Os despachos de Exu são de preferência feitos às segundas e sextas feiras. Nas segundas feiras, porém, atiram à rua pipocas, farofas com azeite de dendê etc.

Todo o Pai de Santo, no dia primeiro de janeiro, costuma dar uma festa que é chamada *Aié*, para a qual todos os seus filhos se cotizam. Esta festa é destinada a augurar muitas felicidades e boa colheita no decorrer do novo ano.

Nos grandes ou pequenos candomblés, os cânticos são sempre os mesmos. Há alguns muito lindos pelo ritmo da música, e acompanhados de danças adequadas e do som impertinente daquele tambor que se ouve ao longe a fazer recordar algo de lúgubre, algo tanto de funéreo.

Este, por exemplo, é um cântico interessante:

Cindé ó mamãe Kindé
Cindé da Cobra Coral
Cindé ó mamãe Kindé
Cindé da Cobra Coral
Em terra de branco
Viré zi macumba que não sabe rê
Vira agora ganga com ganga

SUA MAJESTADE ABEDÉ

Francisco Guimarães

Critica, n. 48, 15 de janeiro de 1929

Na Rua João Caetano, n° 69 tem Cypriano Abedé há muitos anos a sua vivenda.

É uma casa de boa aparência, com sala de visitas e de jantar decentemente mobiliadas, havendo uma alcova que serve de gabinete do Pai de Santo e outra que é o Oratório.

Em tudo se nota muita modéstia em paralelo com muita ordem e asseio.

Abedé é de estatura regular, também regular de corpo.

Deve contar uns 85 anos de idade. Descendente de africanos nasceu na Bahia. Como Pai de Santo é contemporâneo do velho Balthazar, de João Alabá, já falecidos e de Sanyn, ainda em ação.

A sua clientela é grande.

Procuram-no políticos de alto coturno, médicos, engenheiro, advogados, comerciantes, capitalistas, industriais, operários, trabalhadores e até jornalistas e escritores.

Tem feito coisas que o impõem a certo respeito aumentando sempre a sua fama e cada vez mais o seu prestígio. Certa vez, um grande industrial que hoje se encontra no apogeu, após uns fracassos que o atiraram às portas da insolvabilidade dos seus negócios, foi procurá-lo.

– Que deseja, meu filho?

Que veja a minha vida e os meus negócios.

Ele jogou os búzios e depois os levantando um a um foi dizendo:

– Muita sorte, muito azar, mãe presente e ótimo futuro.

– Quer isto dizer que...

– ... Que se cuidar de si, quanto antes, levantará a cabeça para o resto da sua vida. Deve desde já afastar as coisas que atrapalham os seus negócios. O senhor é descrente, veio aqui por experiência, mas depois ficará tão crente quanto eu e não duvidará muito.

– Quanto tempo?

– Depende de si. Se fizer tudo com presteza e fé, verá que dentro de três meses os seus negócios tomarão rumo muito diferente.

– Que devo fazer então?

– O que eu lhe for aconselhando.

– Prometo fazer tudo que me ordenar.

– Pois então comecemos. Fique em pé.

E começou a rezá-lo, chamando de vez em quando o seu protetor. Depois colocou vários ingredientes dentro de um pequeno fogareiro de barro e rezando-o pela frente e pela retaguarda pronunciava repetidas vezes o nome de... Era o chamado defumador, que serve para aliviar ou descarregar o mau olhado.

Finda esta cerimônia o Pai de Santo continuou:

– Agora precisamos fazer três despachos, um no mar para Mãe d'Água: um em uma estrada para que seu guia lhe abra dos negócios e outro na encruzilhada para que Exu o abandone.

– Como fazer tudo isto?

– Vou lhe dar uma relação, meu filho, compra os objetos e seu pai preparará os despachos.

– E o senhor mesmo não poderá se encarregar das compras?

– Posso.

– Pois aqui estão estes duzentos réis para as compras e mais estes 300 réis, para as passagens.

– Obrigado meu filho.

– Agora vamos, a saber: depois de tudo feito nestes três meses, quanto é o seu trabalho?

– Nada. Se meu filho for feliz como não pode deixar de ser, lembre-se depois do preto velho.

Tudo foi feito religiosamente.

Dentro dos três meses o homem tinha uma vida próspera, múltiplos negócios eram realizados com êxito espantoso e Cypriano Abedé recebia um presente valioso para o dia de Natal e mais um cheque de 20 mil réis!

O industrial descrente, nadando em ouro, é hoje ainda consulente daquele Pai de Santo.

Abedé não é um Pai de Santo clandestino.

Ele tem a sua sociedade perfeitamente organizada, com diretoria composta de pessoas idôneas, licenciada e com estatutos publicados no Diário Oficial, depois de aprovados pela assembleia e registrados no respectivo cartório.

Os seus candomblés são rigorosamente feitos dentro do ritual africano.

Primeiramente há as sessões preparatórias, que duram uns vinte dias; seguem-se os preparativos para a matança.

A noite da matança de carneiros, bodes, cabritos, galos e galinhas, há uma grande solenidade que adiante descreveremos.

Enquanto uns sacrificam os animais, outros ocupam o terreiro batendo macumba toda a noite, acompanhada dos cânticos adequados como:

Lé – lé – lé Kaô
Lé – lé – lé Kaô
Lé – lé – lé
Ó Cabecé
Lé – lé – lé
Xangô Kaô

E todos ficam reverentes, em uma prolongada genuflexão.

É um dos atos mais solenes e tanto assim que os filhos de Xangô batem com a cabeça no chão, aos pés de quem está com a invocação do dominador dos astros, da trovoada – o Santo de maior número de adeptos!

O "cavalo", isto é, a pessoa que recebeu o Santo, não permite que o "cafioto" bata repetida vezes com a cabeça no chão.

– Que é isto, cafioto? *Eu não qué qui bata com "camueto" ni chão! Ó Cabecé.*

E todos exclamam:

– Cabecé! Cabecé!

Seguem-se outros cantos, como este em homenagem a Iansã:

Ó Inhangá me!
Ó Inhangá de Inhangagá
Ó Santa Bárbara!
Que é dona do Jacutá
É dona do Jacutá

Mora no seu ilé
Bona vena popó
Minha querida banguela ó arirá!

OS BABALORIXÁS DE PIRAÍ

Francisco Guimarães

Critica, n. 47, 13 de janeiro de 1929

A Barra do Piraí é atualmente uma espécie de *refugium pecatório* dos que cultivam a mandinga no que ela tem de benefícios e malefícios.

Já falamos no famoso Telles, o incomensurável "Meia Hora", que de um momento para o outro se metamorfoseou de condutor de trem em curandeiro e daí em pai de santo, transformando o seu terreiro em uma espécie de harém.

Os seus candomblés se eram de um ridículo pavoroso, deixavam, em compensação, uma renda de encher o olho!

Após um dia de macumba ou de obrigação, a sua salva ficava repleta de moedas de prata e níquel e o seu terreiro cheio de galos, galinhas, cabritos e carneiros, que hipoteticamente deveriam ser sacrificados para a composição de um despacho ou de um ebó, sem se falar das avultadas quantias que recebia dos ajustes prévios.

Ultimamente o "Meia Hora" se dizia babalorixá, por julgar mais rendoso.

Há na Barra do Piraí um velho a quem chamam Tio Eduardo.

Não se sabe ao certo se é africano ou descendente de africano, mas, quem o olhar, quem com ele trocar palavras, diria que é da Costa da África.

Fala muito carregado como preto mina, é austero e pouco dado a palestras inúteis.

Há tempos, adoeceu e gravemente o capitão Gregório Amorim, conhecidíssimo cabo eleitoral, popularíssimo carnavalesco e respeitado chefe de estiva na rampa do Mercado Novo. A febre ia aumentando de dia para dia e abatendo aquele organismo hercúleo.

Na Casa de Saúde Dr. Pedro Ernesto, onde se achava em tratamento, havia pouca esperança de salvá-lo.

A sua idade e várias complicações impediam um tratamento mais severo. Uma tarde, recebeu ele a visita de uma yaô, que após ouvir a sua Yemanjá e o seu Keledá, resolveu convidar o filho de Ogum a ir à Barra do Piraí consultar Tio Eduardo.

A yaô, ao vê-lo naquele estado de fraqueza, deu-lhe a beber um pouco de marafo e o capitão Gregório, como que acionado por um poder estranho, fez um esforço sobre si próprio e sentou-se na cama.

A filha de Yemanjá pegou de um tessubá[9] e fez um kisum[10] a Xapanan e a Ogum, retirando-se em seguida.

Duas horas depois o enfermo sentia dentro de si uma espécie de reação que lhe restituía vida e animo. Em um momento em que apanhou o enfermeiro distraído, abandonou o hospital e seguindo o conselho daquela que lhe fora levar a salvação, tomou rumo da Barra do Piraí.

Homem que estivera às portas da morte, sob uma medicação meticulosa e um severo regime dietético, viajou perfeitamente e no percurso da estação D. Pedro II à Barra do Piraí, esgotou uma garrafa de parati!

Em chegando a casa do Tio Eduardo, que dista pouco mais de um quilometro da estação, foi imediatamente recebido.

Era dia de sessão, ou melhor, de candomblé.

Após ligeiro exame, o babalorixá Eduardo sentenciou:

– *Meu fio vorta bom. Ni terreiro eu fazi trabalho pra meu fio. Custa caro, mazi meu fio não pliciza mase pagá a dotô que come dinheiro e não dá vorta ni doença.*

– Não faço questão de preço, meu pai.

Começou o candomblé.

Vários despachos e obrigações foram ordenados aos consulentes.

No momento de silêncio, quando todos pareciam concentrados foi entoado um cântico após um sinal de Tio Eduardo:

Lou-à-gége ou rou ó nó
Xó la-ry mamu ru nam babá

[9] Espécie de rosário ritualístico.
[10] Cântico.

Como o santo demorasse a descer, Tio Eduardo preparou o "ado-chu".

Novo cântico e afinal o próprio Tio Eduardo recebeu o Santo, que se fizera tão rogado.

Silêncio!

O MEIA HORA

Francisco Guimarães

Critica, n. 47, 13 de janeiro de 1929

Os membros da Caravana Negra, pela mão de D. Pedro I, foram os introdutores do feitiço, da mandinga, do canjerê no Brasil.

Livres do Imperador, os restantes, aqui e nos Estados, começaram a agir por conta própria como babalorixás, babalaôs, e fazendo escola da qual resultaram os alufás,[11] os Orixás, os açobás[12] e os aborés,[13] sem falar em uma grande e espantosa cambulhada de pais de santo, que de dia para dia, aumentam como os bacharéis em direito.

Em uma cidade como esta, com certeza de dois milhões de habitantes, passa-se perfeitamente um, dois, três e cinco anos sem só ver um indivíduo. Quando se dá o encontro, após os cumprimentos, vêm as indagações:

– Então o que faz?

– Estou formado.

– Sim?

– Bacharel em direito. E mostra logo um anel com uma pedra deste tamanho... E uma pasta com petições para casamento, listas de bicho e um exemplar de "A Mascote" e outro de "O Bicho".

Em caso contrário o cumprimento é este:

– Olá caboclo velho! Como vai você? Há quanto tempo!

– É verdade, há um bom pedaço que não nos vemos.

[11] No passado, denominação atribuída a chefe religioso muçulmano negro trazido do Noroeste da África (haussá, tapa, bornu etc.).

[12] No candomblé, especialmente nos terreiros de rito jêje-nagô, indivíduo que prepara as cabaças para os ritos religiosos.

[13] Título de sacerdote mais idoso ou mais antigo, no culto yorubá, que ocupa posto da mais alta hierarquia.

– Onde estás agora?

– Trabalho por minha conta. Quando você tiver qualquer pessoa, manda lá em casa (rua tal, número tanto, na estação de...). Só vendo: tenho feito coisas que só mesmo com a proteção de nosso Pai.

– Você é espírita?

– Oh! Sou pai de santo, mas também pelo Espiritismo. Tenho um casal de médiuns daqui, da pontinha, e trabalho com o Caboclo Ubiratan. Aparece um dia lá e verás.

– E vai por lá "coisa boa"?

– Ah! Meu irmão, cada pedaço!

– Malandrão!

– Ué! Quando a farinha é pouca, o primeiro pirão é meu. Na casa de caboclo velho, quem não come surucucu não almoça. Aquilo que Deus dá nós come.

Este pai de santo é autêntico. É preto de estatura regular, magro, cabeleira repartida ao lado e usa umas costeletas em forma de para-lama. Chama-se Olympio Telles e foi condutor de trem de 4ª classe da Estrada de Ferro Central do Brasil, sendo geralmente conhecido por Meia Hora.

Demitido da Central, fez o que todos fazem: ficou pelos botequins próximos bebericando, na esperança da readmissão e mordendo uns e outros.

O Meia Hora sempre deu a vida por um charuto Palhaço cuja ponta não jogava fora – mascava.

Perdida a esperança de voltar à Estrada de Ferro, o nosso herói desapareceu uns tempos e durante o período da incubação mudou de meio de vida: passou a ser – apenas curandeiro. Vendo, porém, que a coisa era boa, procurou tirar o curso de aperfeiçoamento e ei-lo pai de santo, mas, transmitindo a seus filhos o que ouvia de Eduosaim, Oloou, Abedé, João Alabá, Vagô, Obitalô, Chica Vavá, Creoula, Capitão, Rosenda, Novasuanan e principalmente do velho Fragoso a quem consultava constantemente.

Primeiramente montou a sua tenda entre Piedade e Cupertino e depois, para maior segurança transferiu-a para as proximidades de Barra do Piraí, onde recebia o espírito do velho Ferraz de Andaraí!

Tinha uma clientela regular. A sua convivência com os africanos, fizeram-no um pratico na língua, que ele falava com algum desembaraço – para os que não a entendiam.

Hoje está mais retraído, pouco se fala no seu nome.

Os seus consulentes ouviam sempre uma censura quando não lhe levavam bons charutos, porque o Meia Hora como pai de santo já não tolerava marcas de tostão como Palhaço e outros.

Quando chegava o tempo do seu Ilé-Axé-Ilé-Orixá., exigia das suas yaôs que fizessem o axu-metá, para que ele passasse os 12 ou 30 dias, conforme entendia, como um verdadeiro nababo.

Hoje vive dos rendimentos rendendo apenas homenagem a Ogum e ao seu Keledá.

OS MISTÉRIOS DA MANDINGA

Francisco Guimarães

Critica, n. 47, 13 de janeiro de 1929

O mundo está envolto no manto do fictismo. Tudo é falso na terra, desde a própria terra de onde sai o homem, até o homem reverter a terra.

Tudo é ficção.

Deus quando criou o mundo, instituiu a falsidade, a mentira e a traição, que se desdobraram na hipocrisia, na maldade e na ingratidão.

Não há nada perfeito no mundo, senão o próprio Deus.

Os primeiros exemplos da falsidade e traição, tivemo-los em Adão e Eva, que expulsos do Paraiso, receberam o castigo para exemplo da humanidade. Daí para cá, vivemos neste vai e vem de lágrimas, na luta do pão nosso de cada dia, desejando cada um para si o melhor quinhão.

E nesta luta, que armas são empregadas? A falsidade, a mentira e a ingratidão.

Depois de Adão e Eva, tivemos o grande exemplo de Judas por 30 dinheiros após comer o pão que era o seu corpo e beber o vinho que era o seu sangue! Foi o discípulo ingrato, invejoso e traidor.

E o que vemos então diariamente? A repetição dos mesmos casos, muito espírito religioso, alimentado pela fé mais acrisolada, que cometem um pecado e que o pecado é passível de pena dentro dos Mandamentos da Lei de Deus.

Entretanto, diariamente, de hora em hora, de minuto em minuto, de segundo em segundo aumenta o número de pecadores e por quê? Porque é também da Santa Doutrina, que Deus tudo perdoa, sem que nos lembremos de que em um dos mandamentos ordena castigar os que erram.

E vivemos assim e assim havemos de continuar até o dia do juízo.

O mundo é um incorrigível muito grande, que nunca mais se endireitará, porque já foi criado torto.

Todos nós somos indesejáveis dominados por uma ambição incontida.

É a ambição do ouro, do poder, do mando e da mulher do próximo.

Ninguém se contenta com aquilo que Deus lhe deu: quem tem pouco, quer muito e quem tem muito quer mais.

E para chegar a finalidade das suas anotações, ninguém mede esforços nem sacrifícios.

Eis de onde se originou a exploração da credulidade pública, que a lei dos homens pune, em nome da sociedade.

Ide ao Japão. Lá encontrareis um milhão de seitas com outro tanto de adeptos perfeitamente congregados.

Ide à Índia e à África e vereis o que é fanatismo.

O Brasil, país novo, vem recebendo os eflúvios daqueles sectários que representam as tradições dos nossos antepassados.

A África nos mandou os primitivos feiticeiros que trabalhavam para o bem e para o mal.

Desta época em diante, a mandinga começou a ter grande desenvolvimento no Brasil inteiro e começaram a proliferar os quimbandeiros, os mandingueiros, que foram cedendo lugar aos pais de santo, ao alufás e aos falsos espíritas que exploram com a grande ciência de Allan Kardec, que, aliás, é coisa muito diversa, como teremos oportunidade de provar exuberantemente.

A verdade, porém, é que tudo isto está por aí germinado

e espalhado de um modo tal, que é interessante conhecer alguns detalhes, embora ligeiramente, com a revelação de casos e causas.

A Caravana Negra

O feitiço, não é, como muita gente pensa, original da África.

Os egípcios já o praticavam, chegando até a denomina-lo "a arte sagrada".

Remonta de muito antes do século IX, florescendo na Idade Média, para tomar maior desenvolvimento no século XVIII, sendo incontestavelmente os árabes os seus precursores.

No Brasil, porém, devemos aos africanos o enraizamento do feitiço, datando o seu início de 1820.

D. Pedro I chamou a si a primazia de tudo: foi o nosso primeiro Imperador, o nosso primeiro mandingueiro!

Os últimos anos do seu império correram agitadíssimos e sua Majestade via a cada momento a queda da dinastia. Era preciso impedi-la fosse como fosse, e principalmente dominar o entusiasmo que ia pelos quartéis do Sul ao Norte. Foi então quando D. Pedro I mandou vir da América um numeroso grupo de feiticeiros, que afinal chegou como presente régio, para não dar a perceber.

Os homens entraram em ação e chegaram mesmo a impedir o assassinato de S. M. que apesar de ciente da eficiência dos trabalhos daqueles homens, os mandava castigar e barbaramente quando o resultado não era imediato.

Com a mesma facilidade com que mandava recarimbar as moedas de cobre, alterando-lhe o valor – de 20 para 40 e de 40 para 80 réis, mandava meter no tronco um dos seus babalaôs quando falhava o bote em qualquer dama que lhe caísse na graça.

Aquelas cólicas que tanto o importunaram em sete de setembro de 1822, eram o início de uma vingança de um dos membros da caravana negra!

Supersticioso em excesso, D. Pedro I usava e abusava do feitiço, sendo que nem todos poderiam produzir o efeito desejado, porque os despachos não eram feitos pela pessoa, ainda mais se abandonou seu ori e desinteressada.

O nosso primeiro Imperador jazia filho de Ogum.

Quando reunia o Conselho da Mandinga, intitulava-se "Omancheo".[14]

O seu trabalho predileto, para castigar políticos, era o "ojó" que faz enlouquecer.

Contam que certa vez Sua Majestade chamou o babalaô de semana e ordenou:

– Seja como for a baronesa de... Tem que vir ao meu beija mão.

O preto africano consultou o Ifá e declarou ao Imperador que o trabalho era difícil, mas seria feito.

O soberano sorriu e perguntou:

– Quantos dias?

– *Sete dia difitiço, oito dia ela está aí.*

– Oito dias?

– *Sim meu sinhô. Eu chama a egun e depois!*

– E depois terás a recompensa. Tens à disposição o que for necessário.

Dentro de três dias a bela e encantadora baronesa era recebida em audiência especial – nos aposentos particulares de Sua Majestade o Imperador.

O preto Olouo-Oié foi elevado, dentre os 50 da Caravana Negra de D. Pedro I, o cargo de ládamo.

Quando o Imperador teve conhecimento de que no Rio Grande do Sul, nas províncias Cisplatinas, na Bahia, em Pernambuco e em São Paulo se conspirava abertamente, dividia os babalaôs por toda a parte.

Em verdade, D. Pedro I não gozava da menor simpatia daquela gente, a quem maltratava, castigava, quando não satisfeito nos seus desejos e se queria impor como Imperador, como Soberano, quando perante eles, deveria ser sempre um crente dócil e obediente e principalmente, todas as vezes que cogitasse de preparar um ebó.

Livres da opressão, do tronco e do vergalho, os membros da Caravana Negra, combinaram previamente, e, cada um do seu lado, começou a ser feito o trabalho contra D. Pedro I, mas, lentamente, afim de que Sua Majestade não pudesse

[14] Discípulo de Alikali (juiz). João do Rio na obra *As Religiões do Rio* cita: "Alikaki, um preto de pernas tortas, morador à Barão de São Félix, que incute respeito e terror".

desconfiar, o que neste caso lhes poria a cabeça em risco.

Quando a situação foi se agravando por aqui, o Imperador lembrou-se tardiamente de reunir a Caravana Negra, para uma ação conjunta.

Muitos já haviam desertado, outros falecido, de modo que o "vigário geral" Olouo-Oié, muito velho e cansado, rodeado de outros tantos nas suas condições, já não tinha força para a execução de trabalhos que exigiam muita agilidade e grande atividade.

E foi assim que D. Pedro I viu apagar-se o farol, percebeu que a sua estrela perdera o brilho e inesperadamente, resolveu abdicar em sete de abril de 1831.

O ASSASSÍNIO DO GENERAL PINHEIRO MACHADO

Francisco Guimarães

Critica, n. 47, 13 de janeiro de 1929

O Candomblé é sem dúvida, um dos maiores preceitos da religião africana.

E nós que mamamos o leite da mãe preta, e fomos afogados no seu seio; nós que com ela aprendemos a pronunciar as primeiras palavras e a cultivar o sentimento de gratidão ao ponto de não regatear aplausos e aderir à bela iniciativa do distinto jornalista Dr. Cândido de Campos, digno diretor de *A Notícia*, para ser levantado um monumento à Mãe Preta, somos por uma questão de descendência, perfeitamente inclinados ao Candomblé, a mandinga, ao feitiço, à macumba e ao despacho no mar, no mato ou na encruzilhada.

A superstição domina entre nós.

E não se diga que são unicamente os da baixa camada social que procuram o pai de santo, que se dizem filhos de Ogum, de Xangô e Oxalá.

Não. Isto hoje está generalizado.

O General Pinheiro Machado, de saudosa memória, não deixava de consultar o conhecido João Alabá, na Rua Barão de São Félix.

Era aquele preto de estatura mediana cheio de corpo,

bigodes grisalhos, cortado à escovinha, que o inolvidável gaúcho consultava e que lhe jogava os búzios.

Neste momento o General empalidecia, cruzava os braços, fechava os olhos e deixava o pai de santo agir, e predizer acontecimentos, e depois fazer os preparativos para desviar os golpes contrários.

O bárbaro e covarde atentado de Manso de Paiva fora previsto.

Em uma das suas consultas João Alabá, disse ao General:

– O Senhor, apesar de ter o "corpo fechado", precisa ter muito cuidado, muita cautela.

E o grande gaúcho naquele seu sotaque e de olhos abertos já o inquiriu:

– Menino que novidade há por aí?

Convém notar que o General Pinheiro Machado chamava – "menino" – a toda gente.

João Alabá, grave como sabia ser nestes momentos, continuou:

– Políticos tramam contra o senhor.

– De onde são esses políticos?

– Os mais rancorosos e violentos são do Norte.

– Tramam de que modo?

– Para mata-lo! Vejo sangue e vejo luto!

O General fechou novamente os olhos, ouviu mais alguma coisa e sem se mostrar impressionado disse:

– Está bem. Estou ciente. Eles que venham, mas venham de frente porque homem não ataca de emboscada. Que venham de frente!

Passou para as mãos do pai de santo, duas cédulas de 500 mil réis e seguiu a pé até a esquina da Rua João Ricardo, em frente à antiga Cabeça de Porco, onde tomou o seu belo automóvel.

João Alabá deu início ao trabalho, mas, do outro lado também agiam fortemente e por dois elementos um em Niterói (o Breves) e outro em um ponto qualquer do Estado de Minas.

O pai de santo, quando percebeu que os seus antagonistas estavam já muito adiantados, recorreu à proficiência de um grande alufá de nome Adi-Ojé, a quem todos respeitavam.

Adi-Ojé, africano de faces lanhadas, jogou os búzios e resmungou:

– Hum, hum... Ele vai morrer!

Feitiço está muito forte. Não dura muito, outro mata ele! Agora é tarde.

Passaram-se dois dias e o General Pinheiro Machado no Hotel dos Estrangeiros, recebia traiçoeira facada e morria momentos depois!

O General foi vítima de si próprio porque não se acautelou conforme lhe aconselhara João Alabá, o mais respeitado pai de santo, o primeiro que obteve licença de funcionamento de uma sociedade para desenvolver a religião africana e que nos seus formidáveis candomblés, que duravam oito dias e oito noites nos fundos da sua residência à Rua Barão de São Felix, reunia funcionários públicos de alta categoria, como o senador Irineu Machado, coronel Damas Proença Gomes, secretário geral da Polícia; o Dr. Raul Autran, delegado de Polícia e depois subinspetor do Corpo de Segurança; tenente Horácio Pestana, despachante municipal; Dr. Monteiro Lopes, advogado; Dr. Nabuco de Freitas, médico; coronel Abílio de Santa Anna, do Estado Maior do Exército; o famoso tenente-capitão-major coronel Costa, o Costão, da Brigada Policial e muitos outros.

Era de vê-los tomando parte na roda, bamboleando os ombros e os quadris, cantando:

Sereá... Sereá
Sereá como nada no má
Sereá como nada no má
Que guia uma
É dona do congá

OS SANTOS

Francisco Guimarães

Critica, **n. 47, 13 de janeiro de 1929**

Primitivamente os santos tinham as seguintes denominações: Ogum, Santo Antônio; Oxóssi, São Jorge; Iansan, Santa Bárbara; Baru, São Jerônimo; Omolú, São Bento; Oxum, Nossa Senhora da Conceição; Iroko, São Francisco.

Esta era a denominação africana quando começaram a propagar a sua religião no Brasil e principalmente na Bahia.

Atualmente, porém, adotam seguinte:

Xangô, São Jerônimo; Exu, Satanás; Oxalá, Cristo; Iemanjá, Nossa Senhora do Rosário ou Mãe d'Água; Ogum, São Jorge; Omolú, Deus da Morte; Iansan, Santa Bárbara; Oxóssi, São Sebastião; Oxum, Nossa Senhora da Conceição; Bejes, São Cosme e São Damião. Doum, companheiro de São Cosme e São Damião.

Cada dia da semana é dedicado a um santo, a quem os babalaôs, Babaloxás, Pais de Santo e Alufás recomendam ou se entregam no decorrer das respectivas 24 horas:

Segunda Feira – Omolú.

Terça Feira – Anamburucu.

Quarta Feira – Iansan e Xangô.

Quinta Feira – Oxóssi e Ogum.

Sexta Feira – Oxalá.

Sábado – Iemanjá e Oxum.

Em torno desta verdadeira corte celeste, fazem-se coisas espantosas, criam-se lendas e dentro da fé profunda, da superstição e do fanatismo, operam-se legítimos milagres ou ignomiosas explorações que toam às raias da indignação e da revolta.

Para eles, os feiticeiros, as pestes são quatorze e cada uma possui o seu santo que por sua vez tem o seu alimento especial, para a confecção do ebó.

Especifiquemos:

Omolú – santo da varíola come galo e bode e preparados de milho.

Aruaru – santo do sarampo, come a mesma coisa.

Xangô come galo e carneiro.

Oxalá come carne e pombo.

Ogum come carne verde, galo e galinha de Angola.

Entre os pais de santo ou os maiores da religião africana nota-se às vezes diferença no modo de fazerem os trabalhos e até na designação dos santos.

A palavra – Deus – por exemplo, em Nagô é Olorum; em Congo é Zambi e em Jêge é Nicasse.

Senhor do Bonfim – em Nagô é Oxalá, derivado de Och-Allah, procedente do Maometanismo; em Jêge é Oulissá; em Angola é Cassumbecá e em Tapa é Indacon de Jegun.

Nossa Senhora Santana – em Nagô é Anamburucu e em Jêje é Tobossi.

Os santos são assim representados:

Santa Bárbara (Iansan): uma espada, a pedra de raio, contas vermelhas imitando corais e pulseiras de latão.

São Jerônimo (Xangô): lança, pequeno bordão, contas brancas e vermelhas.

Senhor do Bonfim (Oxalá): cajado com pequenas campas, pulseiras e contas brancas.

São Jorge (Oxóssi ou Ogum): contas azuis, arco e flecha, bornal, polvorinho,[15] em suma todos os instrumentos destinados à caça.

São Bento (Omolú): lança, pequena vassoura (xaxará), pulseiras enfeitadas de búzios.

São Francisco (Iroko): tecido de palha em volta do tronco da gameleira, tendo por cercadura uma tira de madastro denominada "oujá".

Nossa Senhora do Rosário (Iemanjá): espada, contas brancas denominadas "pingos de água".

Nossa Senhora da Conceição (Oxum): leque, pulseira de latão e uma pequena campa.[16]

Nossa Senhora Santana (Anamburucu): espada, pequena vassoura de palha (eberi) enfeitada de búzios.

Santo Antônio: safra de ferreiro,[17] foice, cavador, pá, enxada, lança, malha, tudo de ferro e mais contas "pingo de água" e verdes.

---

[15] Frasco de levar pólvora à caça.

[16] Sineta.

[17] Bigorna de ferreiro com uma só ponta.

O VELHO BALTHAZAR OU A ESTRELA DO SR. IRINEU MACHADO

Francisco Guimarães

Critica, n. 48, 15 de janeiro de 1929

Houve aqui no Rio um pai de santo de muito respeito, grande reputação e que nos grandes meios políticos e comerciais, gozava de enorme prestígio, sendo sempre consultado e acatado pela alta sociedade.

Era o velho Balthazar.

Africano, de estatura regular, com aquele sotaque de preto mina, e trabalhando sempre com limpeza e decência, sem contudo atender aos excessos da moda.

Ao peso dos seus sessenta e tantos anos era de uma impressionante austeridade.

O Dr. Irineu de Mello Machado foi talvez, de todos os seus consulentes, o que lhe deu mais tratos à bola.

O início da carreira política do atual senador carioca foi agitadíssimo.

Prudente de Moraes que ascendera à curul[18] presidencial pelo beneplácito de Floriano Peixoto, o grande e inolvidável "Marechal de Ferro", o consolidador da República, defensor da honra da família brasileira e sentinela avançada do Tesouro, logo nos primeiros passos enveredou pela política reacionária a do seu antecessor.

Morto Floriano, no primeiro aniversário do seu desaparecimento, a 29 de junho de 1896, houve uma formidável romaria ao túmulo do grande soldado, que despertou o civismo no coração da mocidade brasileira.

Vários oradores falaram, à beira do sarcófago.

Dois discursos notáveis foram pronunciados: o de Raul Pompéia, diretor da Biblioteca Nacional, e o de Irineu Machado, auditor da Marinha.

No dia seguinte, ambos eram definidos.

Raul Pompéia, aquele belo e fulgurante talento, suicidou-se. Irineu Machado, em muito melhor situação, tendo a seu

[18] Cadeira no sentido de poder.

favor a sobra de uma grande e frondosa árvore, que era o seu amigo e sogro. Conselheiro Carlos de Carvalho, enveredou pela política e se fez candidato a deputado, lançando um manifesto aos florianistas, que eram então, chamados os jacobinos.

A sua vitória foi brilhantíssima.

O Presidente Prudente de Moraes, a quem os jacobinos chamavam o "Beriba", a imprensa oposicionista, o cognominará "Santo Varão" e os situacionistas – o "Pacificador", ordenou ao líder da maioria na Câmara, que cortasse o Irineu. O General Francisco Glycério, providenciou junto à comissão verificadora, para que fossem cortadas várias secções do primeiro distrito.

Tanto pior.

Quanto mais secções anulavam, tanto melhor colocado ficava o Sr. Irineu Machado, perante os demais candidatos.

Não encontrando uma solução para o caso, o líder assim fez ver ao Presidente da República.

E Prudente de Moraes refletiu um momento e cogitou da anulação do pleito no 1° distrito.

Depois, num gesto de homem superior, de homem honrado, decidiu:

– Se não há nenhum recurso digno, decente, dentro da lei, reconheça-se o Sr. Irineu, confessando, embora, a derrota do governo!

Foi um xeque-mate.

Mas de quem?

Do governo, respeitando o resultado das atas falsas, a votação dos defuntos, "fósforos", dos "esguichos" e das duplicatas?

Do Dr. Irineu de Mello Machado, fazendo tudo aquilo com rara habilidade, em uma estreia auspiciosa?

Não.

Quem deu o xeque-mate foi o velho Balthazar!

Procurado por Irineu, em sua antiga residência, à Rua do Costa, o velho pai de santo, que no momento tinha apenas na cabeça um gorro vermelho bordado de retrós e seda verde e vestia um camisolão de chita escura viu pela primeira vez aquele mocinho, com quem já simpatizava de nome, pois, ouvira a leitura dos jornais e o relato de alguns dos seus feitos, e, desde logo, prometeu-lhe auxilio, marcando-lhe o dia para ir buscar um "breve", do qual nunca se separaria, afim de que fosse depois preparado o despacho.

O Dr. Irineu Machado nunca mais abandonou o velho Balthazar e em compensação nunca mais perdeu eleição e nunca mais saiu da Câmara dos Deputados.

A sua atividade desdobrou-se, desenrolando-se os bons negócios.

O velho Balthazar era o seu pai de santo e o seu amigo sincero e dedicado.

Aberta a campanha civilista, em meio do perigo, Irineu consultou o seu pai de santo e o seu amigo e ele jogou.

Não errou na sua predição: o pleito seria perigoso, mas, via também duas cadeiras. Muita luta e muito longe a bandeira branca e um ramo de oliveira. Era, porém, preciso trabalhar e trabalhar muito.

O Dr. Irineu assistia a tudo aquilo estupefato, mas, com muita fé, porque estava ainda por falhar uma profecia do velho Balthazar.

Feriu-se o pleito. Irineu Machado obteve duas brilhantíssimas vitórias: uma pelo 1° distrito carioca e outra pelo 3° distrito mineiro.

Atento como nunca, Balthazar, fazia os trabalhos e Irineu executava os despachos com muita fé e presteza.

Juízes e pretores, lideres de bancadas, todos entraram no "canjerê" e cada um teve a sua etapa de farofa e azeite de dendê com moedas etc.

E, pouco tempo depois, contra a vontade do governo, o Dr. Irineu era reconhecido por Minas Gerais e pelo Distrito Federal.

Ainda mesmo quando advogado do Dr. Saturnino de Mattos, aquele do desaparecimento dos caixotes de notas recolhidas, da agencia da estação Central da Estrada de Ferro do Brasil, Pai Balthazar foi chamado a funcionar.

E funcionou bem.

É que a causa era boa e valia mais que três ou quatro legislaturas.

O Dr. Saturnino foi absolvido e recebeu em notas boas

todo aquele dinheiro ruim.

Desta vez o velho Balthazar levou um *bluff* medonho!

O ardoroso tribuno, o irrequieto representante do Distrito Federal, esqueceu seu amigo dedicado, o seu guia, o seu protetor, o seu pai de santo.

Pouco tempo durou mais o velho Balthazar, que, ao morrer, já não era o amigo dedicado, o guia, o protetor, o pai de santo do deputado pelo Distrito Federal, Dr. Irineu de Mello Machado.

De então para cá turvaram-se os horizontes, metamorfoseou-se a sua sorte, a sua boa estrela perdeu aquele brilho diamantino e quase que foi bater às portas do ostracismo!

SANYN – DOMINADOR DO MORRO DO PINTO

Francisco Guimarães

Critica, n. 47, 13 de janeiro de 1929

Sanyn é um pai de santo, afamado, de "borla e capelo" como se diz em linguagem vulgar.

Pontifica no Morro do Pinto.

Lá também já esteve o Sr. Irineu Machado. Foi por ocasião de famoso pleito "Irineu Machado *versus* Mendes Tavares".

Era preciso agir com energia dentro destes problemas: morrer João Luiz Alves, Mendes Tavares ou Arthur Bernardes; brigaram Mendes e João Luiz ou Bernardes e Mendes.

O Dr. Irineu Machado atendera prontamente ao que fora estipulado: 27 mil réis! Sanyn reuniu os próprios homens da sua religião. Assim é foram convocados: João Alabá, da Rua Barão de São Felix; Abedé, da Rua João Caetano; Adioé, da Rua General Pedra; Benzinho, da Rua Visconde de Sapucaí e o alufá Assumano Mina do Brasil, da Rua Visconde de Itaúna (sobrado).

De pronto, o alufá Assumano, que no meio é considerado uma das maiores potencias, recusou a sua participação: só trabalharia para o bem e mesmo por ter simpatia pelo Dr. Mendes Tavares, seu velho amigo.

Meio caminho desandado!

Contudo, reunido o conclave, cada um recebeu a sua verba para despesas, e, em dias diferentes fizeram-se matanças e foram sacrificados carneiros, galos, galinhas e até uma vitela.

Esta foi numa noite de candomblé na Rua Visconde de Sapucaí!

O Dr. Mendes Tavares soube de tudo e por ele trabalhou o Dr. Rufino Gomes, que tratou desde logo de dar os contras, lá no seu terreiro da Circular da Penha.

E assim sucedeu.

O Dr. Irineu foi eleito e diplomado e o Dr. Mendes Tavares reconhecido e empossado, porque, como o Dr. Arthur Bernardes, tem o "corpo fechado", fechadíssimo!

Que falta lhe estava fazendo o velho Balthazar!

A ação conjunta de quatro pais de santo não chegava para vencer a vontade de um homem que era o Dr. Arthur Bernardes, a quem chamavam de "Rolinha" antes da eleição; "Seu Mé" depois da posse, e "Calamitoso", "Réprobo de Viçosa", depois do chamado quadriênio maldito!

O mais admirável foi o trabalho feito pelo Dr. Rufino Gomes para nulificar os esforços de quatro mestres!

É que o Dr. Bernardes, por sua vez, nunca andou só e nem mesmo agora na sua viagem ao velho mundo.

O seu pai de santo é uma espécie de seu médico-assistente, acompanha-o para toda parte. É o famoso pai de santo mineiro que entrou no complô que eliminou o grande General Pinheiro Machado, de saudosíssima memória!

E agora mesmo, o Sr. Irineu só foi senador, porque o Dr. Sampaio Correa não quis contestar-lhe o diploma, apesar de insistentemente solicitado por membros da maioria e da esquerda!

Decididamente o senador carioca precisa arranjar outro pai do santo da força do velho Balthazar, mas sob a condição de não lhe passar o *bluff* em qualquer hipótese.

Prefira o pai de santo ao professor Voronoff.

No famoso candomblé realizado no terreiro do conceituado pai de santo Benzinho, pela vitória do grande chefe político, foi implorada a proteção de Oxóssi (São Sebastião), o padroeiro da cidade, onde nasceu Irineu Machado e cuja representação ele disputava na Câmara Alta.

Quando o Santo arriou, todos cantaram:

Fui no mato caçar
Sirió... Sirió!
O que?
E quando a noite de luar
Levanta o azá o po...
O que?
Vamos que, meu pai?

O Santo arriou e ouviu-se a saudação:

Viva Oxóssi, lé!
Viva Oxóssi, lá!
Viva Caboclo do Mato
Viva Oxóssi, lé!
Minha banda
Quando chega de Umbanda
Para saber seu filho é

OS ALUFÁS

Francisco Guimarães

Critica, n. 47, 13 de janeiro de 1929

Os alufás são uma espécie de pai de santo.

Eles professam o dogma muçulmano. Os seus atos diferem muito e mesmo porque são mais recatados e nada exibicionistas.

O alufá em vez de sessão, dá audiência em gabinete privativo, de modo que não há comunidade e um consulente não sabe o segredo, a dor, a necessidade, a aflição do outro.

Nada de candomblés e macumbas.

Também não usam o despacho de farofa com azeite de dendê e modinhas.

Em geral trabalham com extrato e principalmente água de colônia. Usam sete sinais ou sete letras do alfabeto árabe que são dispostas sobre a ardósia negra ou mesmo sobre um pedaço de papel.

O consulente escolhe uma letra e eles dizem algo sobre o motivo da consulta.

Na mesma ardósia espalham um punhado de areia. Desenham os sinais cabalísticos e a pessoa escolhe um, tantas vezes quantas lhe forem ordenadas e isto com o dedo médio.

Sobre cada letra escolhida eles procedem a um cálculo pronunciando umas palavras, em árabe de acordo com a religião muçulmana – é uma espécie de dialeto que nós não chegamos a entender.

Finda a primeira parte da consulta, o alufá começa a discorrer sobre o passado, o presente e o futuro com uma precisão espantosa.

De momento, não tem nada pronto e então marca um dia para que o consulente volte a ir buscar coisa que seja julgada necessária para os primeiros preparativos.

Quase sempre aconselha um banho de cabeça aos pés, lavagem somente da cabeça ou do corpo, com determinado preparado, cuja base é sabão da Costa da África, mas um sabão puro, verdadeiro, especial, que ele recebe.

Uma vez dados os primeiros passos, o alufá quase sempre entrega ao consulente um breve, do qual jamais se deverá separar, mas, que deve afastar de si no momento psicológico de perder a cabeça... Nunca se deve abrir aquele breve, por maior que seja a curiosidade.

É um grande atraso para a pessoa que assim procede. Tudo quanto de benefício o breve poderia produzir, transforma-se em malefício.

É simplesmente assombroso, mas é simplesmente verdadeiro.

O alufá obedece um severo regime imposto pela sua religião.

Não abandona o Alcorão, quando professa a religião de Maomé.

Alufá, não é quem quer, é quem pode ser. Não é como pai de santo, a que qualquer explorador se arvora.

O alufá tem dias de isolamento, horas de oração, dias e horas de jejum; não come certas e determinadas coisas proibidas pela sua religião e entre elas, carne e banha de porco.

Os árabes tem sido os melhores alufás em todo o universo. Quando podem, como qualquer mortal, como os próprios padres, atiram a isca envolta no anzol e se pegam um "peixão", avançam com apetite devorador e não dão uma lasca a quem estiver com fome.

Como dissemos linhas acima, os alufás não são exibicionistas e por isso não usam nunca de fantasias e se julgam sempre ignorantes. Eis a razão porque têm muito, estudam diariamente, porque – a opinião do mestre é bastante provável.

O alufá, respeitando os mandamentos da sua doutrina, não pode usar de subterfúgios nem paliativos; deve ser franco e sincero, tal como o exige o alcorão.

Não se deve, pois, confundir o alufá com o quimbandeiro, o mandingueiro, o feiticeiro ou mesmo o pai de santo – com "p" minúsculo – porque o pai de santo que se preza, nada fica a dever ao alufá.

Não leram os grandes exemplos do velho Balthazar e com pessoa de bem conhecida é sempre em evidência?

Cypriano Abedé, por exemplo, é na atualidade, talvez, o *primus interpares dos Pais de Santo*.

MAGIA NEGRA

Conto de Aurélio Pinheiro

Revista da Semana, n. 1, 22 de março de 1930

– Tenha cuidado Baptista! Realmente eu não acredito nessa coisa ignóbil de macumbas. São os últimos resíduos do africanismo, da escravatura, da monarquia. Sei lá! Isso é uma gente fanática, perversa, ignorante. Capaz de tudo!

– É possível; mas a verdade é que vai lá muita gente como nós, da sociedade. O que há é que negam, fingem superioridade, ridicularizam a macumba. Mas vão às escondidas. Eu vou às claras, digo o que quero, pago o trabalho, tal como se fosse ao consultório de um médico. Não é mais decente?

Baptista lançava interrogação, erguia-se da cadeira, aproximava-se da minha mesa de trabalho, resoluto, firme, decidido, como se fosse realizar um dos mais sérios atos da sua vida. Na mesa encontrou a minha cigarreira, abriu-a, tirou um cigarro. E de pé, riscando o fósforo:

– Não é mais decente? Você, por exemplo, não vai à missa naturalmente, às claras? Não vai? Pois eu também vou à macumba da mesma forma que você vai à missa!

Calei-me prudentemente. Baptista sentou-se simulando grande calma e imensa convicção. Eu sabia, porém, que os seus nervos deviam estar terrivelmente chicoteados, esfrangalhados, batidos como trapos ao vento. Casado havia dois anos, atravessado de aborrecimentos, de decepções, de dificuldades, levava uma vida cruel de incertezas, de angustias, de expedientes, ora correndo atrás de empregos públicos, ora iniciando negócios incompreensíveis, ora sorrindo, repousado, certo de que a boa sorte o ampararia justamente quando tudo fracassasse. Dois anos assim! Dois anos de lúgubres artifícios, de amargos disfarces, de espreitas, de ansiedade, de sonhos, de inquietações, esperando em cada hora do dia a brusca mudança do destino.

Mas o destino não mudou. Baptista perdeu as derradeiras economias, a derradeira esperança e, afinal, a própria esposa, que desesperada de tanta insensatez caiu nos sólidos braços de um negociante de móveis.

Ao principio o meu amigo afrontou soberbamente a sua desdita de homem duplamente traído pela sorte e pela mulher. Vendeu os últimos trastes e foi morar em uma pensão, onde ostentava uma superioridade risonha, criticando costumes, atacando o pieguismo patrício e enaltecendo a gente norte-americana, a única que possuía ideias exatas sobre o tempo, a sociedade e o casamento.

Viveu assim seis meses: apressado, fremente, vertiginoso, pregando o seu atordoado americanismo. Ninguém, todavia, procurava imitá-lo. Os hóspedes, ao começo, achavam-no interessante, depois viram que ele se ia tornando impertinente e desagradável. E abandonaram-no definitivamente.

Foi por esse tempo que começou a visitar-me. Mas, à força de provar-lhe diariamente que o americanismo estava para o Brasil como a elegância parisiense estava para a tanga africana, ele foi se desprendendo dessa pobre ilusão – e começou a dedicar todo o largo entusiasmo ao ocultismo, à magia, à feitiçaria, a todos os mistérios de um mundo estranho que entrevia maravilhado.

E nessa fria manhã de domingo, no meu gabinete, afundado na poltrona, fumava e explicava as suas novas ideias:

– Vou à macumba para ver se me livro da má sorte. Certa gente nega que em torno de cada criatura existe um fluido permanente, misterioso, imponderável, que a protege carinhosamente ou que a atormenta a vida inteira. Ora, meu caro, esse fluido – que é o bom ou o mau espírito para os espíritas, a influência astral para os astrólogos, a auréola magnética para os sacerdotes da Kabala – existe incontestavelmente. Você não tem encontrado por aí indivíduos repugnantes, nocivos, indignos, que sobem e são felizes? E não tem visto pessoas bondosas, crentes, honestas, que vivem desgraçadamente? Pois isso é uma simples questão de fluido, de auréola magnética. Nada mais!

– Na verdade – respondi – são casos comuns. Mas o êxito na vida depende de certas aptidões: coragem, persistência, sagacidade, bom senso etc. Com esses elementos há imensas probabilidades de êxito. E, se juntarmos a tudo isso algumas doses, mesmo pequeninas de audácia, descaramento e flexibilidade, então, meu amigo, a vitória é mais certa que a luz do sol.

Baptista não se convencia; arrojava-me argumentos ferozes de sectário: citava nomes celebres de espíritas, quiromantes, cartomantes, astrólogos, com esmagadora erudição. Por fim, esfalfado, cansado de tanta prova e de tanto esmurrar a minha mesa, teve um olhar de piedade para a minha triste ignorância e despediu-se gravemente:

– Adeus. Vou à macumba: vou corrigir a minha auréola magnética; e brevemente você há de ver que serei um homem integralmente feliz!

Foi essa a penúltima vez que vi aquele magnífico amigo. Nunca mais o encontrei nas ruas com aquele inflamado aspecto de sofreguidão, de desassossego, de ansiedade, que me dava a ideia de um grande galgo inteligente farejando um rasto perdido. Nunca mais entrevi o seu vulto magro, fino, deslizante, varando um momento para apertar de leve a mão de um amigo, e logo fugindo, inquieto, atrás da sorte, do inesperado, do imprevisto – do rasto fatal que o fascinava!

A sua esposa, que se apoiara ao negociante de móveis, refugiava-se agora, sabiamente, no apartamento de um arquiteto milionário. E ele? Onde andaria? Que faria esse transviado Baptista entre dois milhões de habitantes, incompreendido e revoltado como o último apóstolo de uma seita obscura?

Um ano inteiro passou, desde a cena do meu gabinete. O destino cortou a árvore esgalhada em que floriam as minhas aspirações – jogou-me secamente para um subúrbio longínquo, onde irrompera a febre amarela. Trabalhei, varei estradas, pântanos, matagais, dirigindo a infernal caçada ao mosquito.

Enfim (é ainda com singular emoção que relembro esse caso!) uma tarde, quase ao termo da furiosa caçada, eu seguia fatigado pela estrada lamacenta do *Sapé*. Era uma soturna tarde de inverno, gelada e triste. A turma da polícia de focos ia a minha frente, exausta, friorenta, examinando e petrolando poças de água. De súbito ergo a cabeça, e vejo entre as moitas de arbustos. Parei, murmurei vagamente para a turma:

– Oh! Rapazes! Vamos ali dar a última batida. Esse mato é um perigo!

Eles entraram nas moitas, atentos, procurando entre o mato baixo latas velhas, cacos, bambus cortados, bromélias, qualquer coisa que pudesse conter uma pouca água e fosse um foco de larvas.

Enquanto os rapazes rondavam as moitas, eu batia à porta do casebre. Veio abri-la uma negra, moça ainda, com a fisionomia assustada. Examinei a sala, onde havia apenas duas cadeiras velhas e uma pequena mesa tosca. E ia dirigir-me para o aposento contiguo, quando ela se põe à minha frente, perturbada, pedindo:

– Não. Aí não!

– Por quê? Perguntei estacando, tomado de súbita desconfiança.

A negra respondeu titubeando:

– Neste quarto está um homem doente. Não quer que o vejam. O senhor compreende... Seria um desgosto para ele... Por favor.

Mas eu não devia atendê-la. No meu espírito passou logo a suspeita de um enfermo de febre amarela, ignorado, escondido entre aquelas paredes, temendo a remoção para o hospital. Rapidamente expliquei à mulher o meu dever – expliquei e abri a porta que dava para o quarto.

Era um estranho aposento aquele! Ao centro estava uma grande mesa, e sobre a mesa se viam objetos curiosos, grotescos, macabros: uma ave negra, empalhada, espetada em um toro de madeira; ossos pequenos de animais domésticos; fios torcidos; uma cabeça de coruja; contas; fitas; ervas secas, e – dominando o lobrego[19] conjunto – uma grande cruz de ferro, pesada, escura, lúgubre, com os dois braços terminando em pontas como punhais rebrilhantes!

Depois do exame ergui os olhos assombrados. Ergui-os, e vi um homem alto e magro, com a barba crespa cercando o rosto magro. O homem fitava-me, empalidecia, sussurrava o meu nome, atônito. Reconheci-o instantaneamente, apesar da espantosa mudança, das roupas grosseiras, da barba rude! Era o amigo Baptista, que mais calmo, dominando-se, fazia sinais para que a negra se retirasse. Depois fechou a porta, ofereceu-me uma cadeira, sentou-se, falou quietamente:

– É incrível! Há mais de um ano que nós não nos encontrávamos. Como o destino prepara estes lances inauditos! E dizem que só nos romances se encontram destes acasos!

Eu permanecia calado, dentro do meu assombro. Ele falava, quase a sorrir:

– Lembra-se ainda do que eu lhe disse há um ano? Do que lhe disse no tempo em que eu vivia por aí, agitado, meio louco, a pregar que a vida era movimento, inquietação, vertigem, desespero – o desespero eterno do *amanhã*? Lembra-se?

Eu murmurei impressionado:

– Sim; recordo-me... É verdade. Mas depois você um dia falou na macumba, nos fluidos, na magia, e sumiu-se desde esse dia. Recordo-me bem.

Baptista sorriu ainda:

– Eu era um cretino. Realmente fui à macumba, habituei-me, achei agradável. Mais tarde verifiquei que isso era um

[19] Escuro, sombrio.

tesouro inesgotável e uma esplêndida profissão.

– Oh! Baptista! Você...

– É o que está vendo, meu caro. Um tesouro! A vida na sua mais doce expressão de encanto, de paz, de fartura. Durante o dia durmo, leio, como, escrevo às vezes. À noite sou o macumbeiro sinistro – distribuo por toda essa gente (essa gente que treme diante desta mesa) a alegria, a esperança, a tristeza, a má sorte. Sê-lo-ei até o dia em que os outros, os espertos, os gananciosos, os cavadores, venham explorar vilmente o tesouro!

Depois dessas explicações fugi desorientado – e foi essa a última vez que vi o amigo Baptista.

Figura 8: Baptista e o amigo em frente à mesa da macumba. Desenho de Alberto Lima. *Revista da Semana*, n. 1, 22 de março de 1930.

COMO O ESPIRITISMO MELHORA A SORTE

A Batalha, n. 129, 21 de maio de 1930

Noticiaram os jornais que um tal Sebastião da Mota, de 46 anos de idade atirou-se à frente de um trem, em um subúrbio do Rio. Com múltiplas fraturas foi recolhido ao Hospital Carlos Chagas. Que é que levou o infeliz a tal gesto?

Esse operário vivia muito atrapalhado e cheio de dívidas.

Querendo melhorar a sorte, começou a frequentar a macumba espírita de Fernandes de Souza. Um irmão espírita astral aconselhou-o que se purificando, lançando-se às rodas de um trem.

O novo adepto e fanático do Espiritismo não vacilou: encaminhou-se para a estação e executou ao pé da letra o conselho do espiritismo astral. – Bela maneira de purificação e melhoria da vida, com as costelas quebradas; invenção dos espíritos astrais.

O PREFEITO DE IGUAÇU FREQUENTA A MACUMBA DE DONA ROSA NA ESTAÇÃO DO ENCANTADO

A Batalha, **n. 650, 13 de fevereiro de 1932**

Em sessões secretas foram manipulados vários despachos fortes, a pedido de Sebastião de Arruda, que não quer deixar a Prefeitura de Iguaçu

Na nossa edição de anteontem salientamos os deploráveis e indignos recursos de que se socorre o prefeito de Iguaçu, na ânsia de não tirar as mãos azinhavradas dos dinheiros públicos e perpetuar o seu governo imoralíssimo sob qualquer aspecto que se o encare.

Edificamos a opinião pública com o relato fidelíssimo dos ardis empregados pela comissão de fornecedores de remédios e acessórios de automóveis à Prefeitura e industriais de elogios e barretadas a todos que estão no poder e que tomaram sobre os ombros a responsabilidade tremenda de iludir o comandante Ary Parreiras, com um memorial arrancado à inconsciência dos que o assinaram, acreditando tratar-se de listas de auxílios para os folguedos de Momo, como deslavadamente anunciavam os seus portadores, quando, em verdade, lançavam as suas desprevenidas assinaturas em um documento essencialmente político, em que se pedia a permanência do atual o caricato prefeito de Iguaçu.

Apesar de o tal memorial ter chegado às mãos do interventor, Sebastião de Arruda sente-se inseguro no cargo e apela para outros meios, inclusive os despachos dos macumbeiros. É inacreditável, mas é a expressão da verdade. A que extremos de miséria moral e de falta de compostura chegou o prefeito de Iguaçu, que não quer deixar o cargo, que lhe foi ter às mãos em um momento de confusão e covardia!

Desde que se pretendeu encarapitar Sebastião de Arruda no cargo de prefeito de Iguaçu, mostramos com a mais absoluta lealdade, o erro imperdoável, senão crime, que teria o aproveitamento pela Revolução de um reacionário sem personalidade e portador de mazelas morais de toda a ordem numa hora de afirmações e coragem, Sebastião de Arruda era um trapo humano, indesejável pela sua proverbial covardia moral. Individuo sem vontade e profundamente capacho, subordinado como um cão fidelíssimo ao mando do famigerado Manoel Ignácio dos Reis dar-lhe uma parcela de poder, na reconstrução do Brasil, era infamar a própria Revolução. Plínio Casado, então interventor no Estado do Rio, cedeu, cedeu do decrépito Seabra, e, mentindo a todo o seu passado, e levando ao desespero o povo iguaçuano, entregou o corajoso Iguaçu à pusanimilidade de Sebastião de Arruda, o que equivale dizer, à quadrilha do Mané Reis.

De que estávamos com a razão, os fatos posteriores à posse de Arruda vieram demonstrar.

Ainda agora como salientamos no início desta notícia, chegou-nos ao conhecimento uma nova sensacional: Sebastião de Arruda e Mané Reis estavam frequentando uma macumba na estação do Encantado, onde se preparavam custosos despachos destinados à conservação de Arruda na Prefeitura.

Assim que tivemos conhecimento de tão vergonhoso e achincalhante proceder do prefeito de Iguaçu, pusemo-nos em campo, para apurar toda a verdade.

Fomos felizes.

Depois de algumas investigações e trabalhosa vigilância em torno do prefeito, conseguimos localizar a macumba das suas preferências.

É a de Dona Rosa, sita à Rua Pedro Domingues, n. 39, na estação do Encantado, e muito conhecida nos subúrbios.

Dona Rosa, regiamente paga pelo prefeito, realizou várias sessões especiais a que compareceram Arruda, Mané Reis e uma senhora morena, já velhusca, tipo espanhola.

Avisados de que Manoel e Arruda se encontravam na macumba de Dona Rosa, para lá nos dirigimos na esperança de assistir aos trabalhos.

Barraram-nos, entretanto, à entrada, alegando que o serviço era especial e secreto e ali se encontravam dois personagens importantes na politica fluminense, que não queriam ser vistos.

Estávamos satisfeitos. Era a confirmação integral das reiteradas denuncias que foram dirigidas à redação deste jornal: Sebastião de Arruda frequentava macumbas e arrastava pelo ridículo a dignidade de Iguaçu, pois era o seu prefeito que as iniciava nos mistérios da magia negra e fazia o seu noviciado de pai de santo.

VENENO, UM ESPÍRITO MALIGNO, PÔS A MACUMBA EM POLVOROSA

A Batalha, n. 825, 6 de setembro de 1932

Várias pessoas feridas e a prisão dos macumbeiros

A Polícia do 22° distrito prendeu e fez autuar em flagrante os indivíduos Cândido José Maria, morador à Rua Terceira, n. 50, na estação da Penha; Bernarda Maria dos Santos e Olindina Soares, moradoras no mesmo local.

Os detidos, que se entregam a feitiçarias e macumbas, realizavam uma sessão na residência, diante de regular assistência.

Entre os presentes estava Benedito Francisco Martins, de 28 anos, casado, peixeiro, e morador à Rua Segunda Nova, n. 392, na Penha, que comparecia acompanhado da esposa, Iracema Nunes Martins e um filhinho, para fazer uma consulta ao pai de santo, que outro não era senão Cândido José Maria.

Ao meio do ritual, o pai de santo recebeu, dos espaços, um espírito chamado Veneno.

Veneno, um espírito positivamente maligno, incutiu ao pai de santo a necessidade de ser aplicada uma facada no peixeiro.

Obedecendo à inspiração Cândido José Maria, o pai de santo, apanhando uma faca de cozinha, investiu contra o peixeiro, que tinha o filhinho no colo.

Observando que não se defendesse seria esfaqueado, o

peixeiro desviou o golpe, com a mão esquerda, o que enfureceu o pai de santo que, como um danado, pôs-se aos berros no meio da casa, tentando a todo pulso ferir o consulente.

Aí, Marieta Nunes e Doralice da Silva, moradoras à Rua Castro Menezes, n. 73; Laudelino Alves da Silva, morador à Rua dos Cajás, n. 374; Luiz Lino Rodrigues, morador à Rua Quarta, n. 42; João Ferreira da Silva, morador à Rua dos Aymorés, n. 175 e Francisco Luiz, morador à Estrada Rio-Petrópolis, n. 132, atracaram-se com o pai de santo, no intuito de evitar fosse o peixeiro ferido.

Depois de grande alarido, o guarda noturno n. 31, atraído pelo rumor, acudiu ao local, prendendo Cândido José Maria e suas duas comparsas e levando-os à delegacia acima referida.

Em consequência da luta, saíram feridas algumas mulheres, que tiveram os socorros da Assistência do Meyer.

Horas depois, a polícia foi à Rua Terceira e apreendeu os objetos dos macumbeiros.

A INDÚSTRIA DA MACUMBA

A Batalha, n. 867, 25 de outubro de 1932

Enérgicas medidas da Delegacia de Entorpecentes e Mistificações

Na luta que a serviço de Entorpecentes e Mistificações tem empreendido contra os exploradores da boa fé popular, tem-se coroado de magnifico êxito.

Ontem, os policiais conseguiram deter mais três curandeiros, sacerdotes da magia negra.

O primeiro a ser detido, em flagrante, foi Jorge Cordeiro da Silva, morador à Rua Barão de Gamboa, n. 69, casa X, quando fazia passes em Pureza da Silva, que se queixava de ter dois encostos.

Em seguida, a polícia especializada prendeu Anna dos Anjos Lopes Marques, residente à Rua Guimarães, n. 78, no ato de fazer orações sobre a cabeça de Clara Marques. Ainda à espera do trabalho da intrujona, estavam várias pessoas, entre as quais Maria Mattos, que levou várias peças de roupa íntima de uma sua filha, para serem benzidas.

Anna dos Anjos tem feito bons cobres, com a sua profissão, tanto assim é que há tempos comprou por 16 contos de réis a casa onde reside.

A polícia admoestou Vicente da Silva Grego, e seu filho Joaquim Grego, residentes à Rua Santa Isabel, n. 166; Anna da Conceição, moradora à Rua Guanabara, n. 50, em Cascadura, e Philomena de Souza, domiciliada Rua Antunes Maciel, n. 82-A, por exercerem o falso espiritismo, explorando o publico com rezas, passes etc.

Essas pessoas não foram presas, por não terem sido colhidas em flagrante.

A mesma autoridade ainda deu conselhos a Florial Belmonte, que, à Rua da Constituição, n. 40, anunciava que desvenda males e os cura.

Figura 9: Objetos encontrados pela polícia na macumba. *A Batalha*, n. 1088, 13 de setembro de 1933.

ESTAVAM AO REDOR DA MACUMBA QUANDO A POLICIA CHEGOU

A Batalha, **n. 1088, 13 de setembro de 1933**

A sessão estava animada, Ogum atenderá a voz implorativa dos pais de santo e baixara ao modesto salão do prédio n. 18 da Travessa dos Prazeres.

João da Mota Jacinto, o principal chefe da macumba, arrancava de um velho tamborete, sons cadenciados, surdos e enervantes.

Em volta deles, Sebastiana Antunes da Matta, Cândido Ribeiro e Francisco Antunes da Matta, dançavam e cantavam coisas do "outro mundo" em homenagem ao poderoso deus da bruxaria.

Maria de Lourdes, outra criatura fanatizada pela magia negra, se achava à um canto da sala, queimando chifre de veado e ervas secas do agrado de Ogum.

Uma garrafa de parati barato corria de boca em boca, animando os crentes.

A um canto do reduto, certo gavroche queimava, de quando em quando, pequenas porções de pólvora.

Apetrechos esquisitos guarneciam a sala, completando o ambiente impressionante que ali existia.

Subitamente e arvorados em adeptos da macumba ali entraram dois funcionários da polícia do 9° distrito: um o comissário Mello e o outro um soldado a paisana.

Tomaram parte nas manifestações a Ogum. Dançaram também e no momento de maior entusiasmo, o comissário deu a mais triste notícia da noite: estavam todos presos!

Houve o natural reboliço e o primeiro a desaparecer do salão, foi o pequeno que queimava pólvora.

Ogum volatilizou-se e os seus homenageadores, seguiram calmamente para a delegacia do 3° distrito, carregando cada um, parte dos artigos que se achavam espalhados no salão, para produzir o efeito desejado.

Muitos curiosos acompanharam os macumbeiros e ficaram postados na calçada fronteira a delegacia, cheios de curiosidade.

Seguiram-se os interrogatórios, sem o menor resultado. Tudo aquilo se resumia em uma simples reunião em família. Todos os Matta eram irmãos. Cândido parente deles e Maria, amiga desse parente dos Matta.

Ogum passou a ser desconhecido de todos.

O tamborete ensaiava um batuque para o carnaval, a pólvora passou à condição do simples inseticida e o parati virou inofensiva água mineral.

A autoridade achou graça na inocência de todos e só os autuou porque o chefe da casa receitou uma beberagem suspeita para curar Maria de Lourdes de espinhela caída, enfermidade gravíssima que ninguém conhece.

A POLÍCIA DEU NA MACUMBA

A Batalha, n. 1097, 24 de setembro de 1933

Foi enorme o reboliço verificado no chalé – Três galos pretos tomaram parte nas manifestações de Ogum

Tan, tan, tan, tan...

Era a macumba estabelecida à Rua Pinheiro Guimarães, n. 47, que estava em pleno funcionamento, atormentando a vizinhança.

Tan, tan, tan, tan...

E o som surdo e cadenciado do tamborim não cessava, anunciando a presença de Ogum que, na madrugada de ontem, entre aquela gente fanatizada, se achava dentro daquele chalé, todo fechado e impregnado de cheiro suspeito.

Três galos bem vestidos de plumagens novas assistiam aquelas cenas esquisitas, empoleirados no espaldar de cadeiras baratas.

Francisco Carlos de Santa Helena, pai de santo e dono da macumba, representava galhardamente o seu papel, chefiando o coro de cantigas improvisadas em homenagem ao padroeiro daquele arranjo.

Havia ainda, na acanhada sala, repleta de crentes, um grande caramujo, um punhal, um ioiô, um dominó encarnado com bolas brancas, charutos, cachimbos e uma salva com 16 réis em moedas.

Na parede, viam-se quadros de Jurema e Sete Flechas.

A danças bem semelhantes ao cateretê do sertão, de quando em quando se realizavam, dando ao ajuntamento qualquer coisa de aspecto festivo. A música, entretanto, era aquela mesmo:

Tan, tan, tan, tan...

Houve, porém, entre os vizinhos do reinado de Ogum, alguém que se sentiu paulificado com o negócio e telefonou para o 7° distrito, reclamando sossego.

Estava de serviço o comissário Fernando, que tem outra religião, e, tratou de organizar imediatamente uma caravana capaz de por em retirada Ogum e agir livremente contra os seus crentes.

Pouco depois a sede da macumba estava completamente sitiada de elementos da polícia.

O comissário bateu à porta. Fez-se silêncio. Como a porta não se abrisse, entretanto, a autoridade voltou a bater nela. Bateu mais. Bateu ainda e só então uma cara receosa apareceu em uma janela para perguntar:

– Quem é?

– É a polícia, respondeu o comissário Fernando.

Para que! O reboliço lá dentro foi de outro mundo, pois os galos baralhados nas muitas pernas que corriam para um e outro lado da sala gritavam dolorosamente.

E foi no meio daquela barafunda, que alguém abriu a porta.

Ainda estava o pai de santo Francisco Carlos de Santa Helena, terminando os passes em uma senhorita, que era defumada com folhas de guiné pelo ajudante Raul de Azevedo.

– Estão todos presos!

E lá foram os macumbeiros, com as quinquilharias e também os infelizes galos pretos, para a delegacia do 7° distrito, onde, depois de todos ouvidos (menos os galos), só foram autuados o pai de santo e seu ajudante, que baixaram ao xadrez suavemente.

REALIZAVAM SESSÕES DE MACUMBA EM BOTAFOGO

A Batalha, n. 1223, 25 de fevereiro de 1934

O pai de santo e numerosos crentes presos, quando Exu era invocado

Já vai longe a época em que a polícia investiu seriamente contra as macumbas que pululavam pela cidade.

Em todos os bairros e nos mais longínquos subúrbios foram, então descobertos os antros de magia negra, com suas práticas bárbaras.

Perseguidos, macumbeiros e crentes, refugiaram-se em lugares menos acessíveis às autoridades. Dai a causa porque esmoreceu a campanha. Agora, após este afastamento forçado, voltam elas para os centros movimentados e vem implantar-se com as suas sessões barulhentas e grotescas nos mesmos redutos que deixara açodamente à vista da lei. Ontem uma se realizava na Rua Assunção, n. 45 em Botafogo, quando, no meio dos trabalhos, invocando Exu que tardava como se, espírito sobrenatural, estivesse adivinhando a "inhanha", chegaram vários policiais do 7° distrito. Eram o comissário Barbosa, o guarda civil número 808 e as praças da Polícia Especial números 40, 49, 83, 127, 57 e 196, prevenidas de tudo por um telefonema.

Um susto apoderou-se de todos. A casa estava repleta e os fiéis respeitosos e místicos esperavam as comunicações sagradas que o pai de santo pedira. Este era o indivíduo Francisco Mendes de Oliveira, casado, com 46 anos, que, na ocasião vestindo a indumentária especial iniciava uns passes. Auxiliavam-no os médiuns João Rosa, de 36 anos, casado, doméstico e Estácio Rodrigues da Costa, viúvo, de 39 anos, operário, ambos residentes à Rua Humaitá, n. 233 e mais ainda Eleutério Deodoro de Oliveira, com 33 anos, cozinheiro, morador à Rua das Laranjeiras, n. 40. Assistiam à sessão os adeptos: Antônio de Oliveira, domestico, residente à Rua Gustavo Sampaio, n. 190, Benedito Rica de Souza, operário, domiciliado à Rua 24 de fevereiro, n. 146, Sebastião Francisco Rosa, operário, residente à Rua Humaitá, n. 251, Antônio Lopes de Lacerda, pedreiro, morador à Rua General Severiano, n. 46, Ambrosina e Maria Avellar, domiciliadas à Rua Marques de Olinda, n. 13, Elvira Monteiro, moradora à Rua Álvaro Ramos, n. 68, Elisa Rodrigues, residente à Rua Santana, n. 214, Ibil da Rocha, domiciliada à Rua Marques de Olinda, n. 80, Rosa Pereira e Isaura dos Santos, moradoras à Rua Smith de Vasconcelos, n. 25.

O comissário prendeu a todos, arrebanhando também grande cópia de material usado em semelhantes práticas. Entre estes garrafas de aguardente, castiçais de ágata, charutos, lâminas de punhal, canivetes, navalhas e os livros "Adeptos dos Ensinamentos de Alta Magia", "Simão, o Mayo" e "Cruz de Caravaca".

Dentro deste volume e sobre a mesa bilhetes mal escrito, sujo, denunciando procedência de gente baixa, vários bilhetes de agradecimento, ofertas de dádivas e outros pedindo conselhos. Os de consultas, sobre os assuntos mais diversos, excediam no número. Levando para a delegacia os macumbeiros foram, ali, autuados em flagrante.

GUERRA ÀS MACUMBAS

A Nação, n. 997, 18 de março de 1936

Surpreendidas várias pessoas quando se entregavam a prática do baixo espiritismo em Irajá

As autoridades encarregadas da repressão ao falso espiritismo, não se descuraram na campanha empreendida contra as sessões conhecidas por macumba e assim a Seção de Repressão aos Tóxicos e Mistificações, em serviço constante de vigilância não raras vezes consegue surpreender em flagrante várias pessoas na prática do baixo espiritismo.

Hoje temos a noticiar mais uma proveitosa batida dos policiais.

Há dias, o comissário Lyrio Junior, recebeu denuncia de que na Rua Cinco, n. 40, em Irajá, uma mulher conhecida pela alcunha de Baiana entregava-se à prática de macumba dando consultas na casa indicada acima, cobrando de três réis a 10 reis a cada consulente. Diante das afirmativas contidas na denuncia, o comissário Lyrio Junior ordenou que a turma composta pelo escrevente Carlos Lopes, fiscal Tuyuty Batalha e investigadores Borba e Abílio fossem, ontem à noite, verificar o que havia.

Assim, em dois automóveis da 1ª delegacia auxiliar partiam da Polícia Central os encarregados da diligência, que cerca das 23 horas chegaram à Rua Cinco. Foram recebidos por uma mulher que depois souberam ser a própria Baiana, a qual os acompanhou até o lugar em que se realizava a sessão, um barracão nos fundos do terreno. Uma vez ali, os policiais surpreenderam Conceição Israel de Lima, que se encontrava "manifestada" com um caboclo da Linha das Almas e assim consultava as pessoas que enchiam a sala. Pelo chão viam-se duas velas, uma pedra marinha, 10 charutos, 134 búzios e a quantia de doze mil e sessenta réis, em prata e cobre.

Sem mais demora os policiais deram voz de prisão a Conceição e requisitando um autotransporte de presos, o "tintureiro", conduziram para a 1ª delegacia auxiliar as seguintes macumbeiras: Vitalina Plácida da Costa, a Baiana: Conceição Israel de Lima, a mãe de santo e mais os seguintes crentes: Dyonisio Gonçalves, Maria Antonia Gonçalves, Benvinda Teixeira, Agenor Rosas, Carmem Ferreira Leite, Elisa de Menezes, Josepha Januária da Conceição, Alzira e Olinda Florêncio, Maria Julieta da Silva, Maria Joanna, Benedicta das Dores, Anna Moreira, Deolinda Maria da Conceição, Avelino Saldanha e João Baptista de Oliveira.

Apresentados ao comissário Lyrio Junior, estão os macumbeiros sendo processados de acordo com a lei.

MINHA FILHA FOI RAPTADA

A Nação, n. 1147, 4 de outubro de 1936

E seguindo a pista da moça fugida a caravana policial surpreendeu uma autêntica macumba em Irajá

Uma queixa grave fora levada, há dias, ao Dr. Demócrito de Almeida, 1º delegado auxiliar. Foi entregue o caso ao comissário Lyrio Junior, chefe da secção de Repressão aos

Tóxicos e Mistificações, que se inteirando da grave denuncia encarregou o subchefe Tuyuty Batalha e investigadores Bezerra, Abílio, Borba, Paulo e Américo, de apurarem o que lhe fora denunciado.

Segundo a queixa, a menor Maria José Machado, residente à Rua Joaquim Silva, n. 72 fora raptada, a oito dias de sua casa e conduzida por um indivíduo que é pai de santo para a Vila Maria, em Irajá, sendo escondida ao fundo do terreiro de Xangô, o homem da trovoada. Várias investigações foram feitas e constatada a veracidade do fato foram ultimadas as diligências para ser apreendida a menor e preso seu raptor.

A diligência final

Reforçada a turma de investigadores da 1ª delegacia auxiliar, com o concurso do comissário Júlio de Alcântara Tagliassachi, foi solicitado ao comissário Luiz Gonzaga, da 24ª M. D., os guardas da Polícia Municipal números 781 e 944 e fiscal Olympio da Silva Brim, da 7ª P. V., cerca das 24 horas foi dado cerco na casa da Vila Maria, n. 115, na estação do Irajá, acompanhando a diligência, ainda, o queixoso Sebastião José Machado, pai da menina raptada.

Já as danças e os ritos culminavam no frenesi da alucinação, quando a turma de policiais penetrou inesperadamente no recinto. O espanto estampou-se em todas as faces. Ninguém explicava como eles teriam chegado até lá. Nem tinham tempo de fugir. E não fugiram. Foram todos, inclusive o pai de santo, presos. Francisco de Paula Lima, o macumbeiro, não teve uma palavra de protesto. Foi apanhado em flagrante quando consultava a espanhola Ricarda Martins.

Cerca de 30 pessoas presas

Era um verdadeiro flagrante. Há mais de seis anos, a Secção de Repressão aos Tóxicos e Mistificações não havia efetuado uma diligência mais perfeita. Uma autêntica macumba do rito Nagô ali se efetuava. Na casa de Francisco de Paula Lima, o terreiro de Pai Mané Mineiro da Linha das Almas, vinte e oito pessoas se entregavam a prática de baixo espiritismo, diante de um enorme oratório e em torno de cruzes, caveiras, pontos, ebós e todo e complicado arsenal da magia negra. Prostrado no solo, Johnson, o conhecido massagista do Flamengo, fazia preces fervorosas, as presume, pela vitória do seu querido clube, o Flamengo.

Em um "tintureiro" e três automóveis, foram conduzidos os apetrechos do rito africano, apreendidos pelos investigadores da 1ª delegacia auxiliar chefiados pelo velho policial capitão Batalha. À porta, os crentes de Pai Mané Mineiro embarcaram no "tintureiro" que os devia conduzir a Polícia Central.

Eram eles, o macumbeiro Francisco de Paula Lima, o pai de santo e dono da casa, ali mesmo residente, Ricardo Martins, a consulente que fazia as preces a Xangô no momento da chegada da polícia residente à Rua Francisco Valle, n. 44, Ovídio Dionyato, residente à Rua Joaquim Silva, n. 72, Aquilino da Silva Gomes, residente à Rua Cândido Mendes, n. 71, Maria José Machado residente na Vila Maria, n. 115, Isaura Ferreira residente à Rua das Laranjeiras, n. 132, Durvalina Maria da Conceição, moradora à Rua Demétrio Ribeiro, n. 376, Elisa de Oliveira, residente à Rua Paulino Fernandes, n. 21, Guiomar Cesário, residente à Rua do Catete, n. 122, Magdala de Oliveira, moradora à Rua Aristides Lobo, n. 73 e Hilda Azevedo Rosa de Lemos, Augusto José Lourenço, Victória Maria da Conceição Lima, Adolpho Mendes da Costa e Antônio de Lima, residentes todos na Vila Maria, n. 115, Fernando Raposo residente à Rua Santo Hilário, n. 19, Francisco José, residente na Avenida Gomes Freire, n. 98, Marcelino Loureiro, residente à Rua das Laranjeiras, n. 51, Emygídio Copellio, residente à Rua das Laranjeiras, n. 471, Mário Gonçalves, residente à Rua Santos Dumont, n. 26 e José Fernandes, morador à Vila Emma, n. 75.

O material apreendido

Os investigadores da secção chefiada pelo comissário Lyrio Junior trouxeram para a Polícia Central dos macumbeiros presos grande número de apetrechos de magia negra. Rosários de contas multicolores, pedras de cevar, penas de aves, cruzes de madeira, chocalhos, tambor, sedas luxuosas, lenços de seda, livros ruins, rufos, além de almofadas de seda luxuosas, livros de reza e uma infinidade de bugigangas que tem as mais diferentes utilidades nos ritos da magia negra.

Um antro de exploração terrível

Digno de nota foi o que apuraram os policiais na casa de Vila Maria, n. 115. Francisco de Paula Lima mantinha ali quartos especiais destinados a acolher os consultantes durante o tempo que for necessário para a consumação dos trabalhos. Quartos convenientemente instalados e mobiliados eram alugados aos consulentes que ali faziam os retiros espirituais necessários ao feliz sucesso dos seus negócios. Tudo pago adiantadamente.

A saúde pública no local

À tarde uma turma da Saúde Pública esteve no local removendo as comidas que infeccionavam a casa, pois, já estavam deterioradas, desinfetando todo o prédio.

BANZO

Murillo Mendes

A Nação, n. 1297, 4 de abril de 1937

Negro
Quando cava, quando cansa,
Quando pula, quando tomba,
Quando grita, quando dança
Quando brinca, quando zomba,
Sente gana de chorar

Negro
Quando nasce, quando cresce,
Quando luta, quando corre,
Quando sobe, quando desce,
Quando vive, quando morre,
Negro pensa sem parar

Negro ponta ponto
Ai Umbanda!

Ginga tonto, tonto
Ai Umbanda!
Toma a benção
Negra nua nua
Ai Umbanda!
Samba nua!

Xangô
Meu céu escureceu
Exu me despachou
Calunga me prendeu
Xangô! Xangô! Xangô
Meu rancho se acabou
Meu reino mar levou
Meu bem morreu, morreu!

Negro
Negro chora, negro samba
Na macumba do quilombo
Com marafo para muamba
Dando bumba no ribombo
Do urucungo e do ganzá!

Negro
Cai no congo, cai no congo,
Das mirongas, da muganga
Todo o bando nesse jongo
Roda, negro, roda a tanga,
Chora banzo no congá

Negro ponta ponto
Ai Umbanda!
Ginga tonto, tonto
Ai Umbanda!
Negro ponta ponto

Se Xangô chegasse
Ai Umbanda!
E já me levasse
Ai Umbanda!
Coisa boa

Figura 10: Tocadores de tambor. *A Nação*, n. 1297, 4 de abril de 1937.

REPRESSÃO AO ESPIRITISMO

A Ordem, n. 80, julho de 1937

De quando em quando a polícia carioca efetua uma batida nas casas em que se pratica a magia negra, toda sorte de superstições vulgarmente conhecidas sob o rótulo de baixo espiritismo.

Ainda recentemente realizou uma dessas diligências em uma famosa macumba situada bem no centro da cidade, na Rua André Cavalcanti, onde foram encontrados, em monstruosa promiscuidade, tuberculosos, lazarentos etc., e jovens e crianças em vias de contaminação.

Como das vezes passadas a ação policial limitou-se a aprisionar os chefes da macumba e relacionar o nome das pessoas presentes. E tudo deve ter terminado como é de praxe, um *habeas corpus* impetrado por um advogado de porta de xadrez terá posto em liberdade os macumbeiros que voltarão a explorar a mesma clientela, sem dúvida no mesmo local em que faziam, sem serem incomodados, provavelmente por muito tempo, pelos zelos da polícia.

Na verdade, quando se quiser, honestamente, sanear os meios populares da praga baixo espiritismo recorrer-se-á ao único método infalível: a repressão do espiritismo *tout court*,[20] sem preocupações de altura, pois que o baixo espiritismo não é mais do que o alto espiritismo ajustado à mentalidade crédula do povo.

ORAÇÕES DE SETE CÓPIAS, CRENDICES E TOLICES

Excelsior, n. 137, 15 de maio de 1939

Anda por aí uma verdadeira praga de orações, supersticiosas em mãos do povo. São cadeias de orações, correntes de orações, correntes miraculosas, novenas misteriosas e cabalísticas, com fórmulas esquisitas, eivadas de conceitos heréticos e ridículos.

Algumas até prometem castigos e castigos terríveis, a quem delas não tirar umas quantas cópias e passá-las a tantas pessoas.

Numa se lê: *Tire sete cópias e passe imediatamente a sete pessoas. Se não o fizer, acontecerá uma grande desgraça na família*. A mulherzinha assustada, pega a oração, reza-a e tira sete cópias e a cadeia vai crescendo. Por acaso uma Dona Quitéria abusou e jogou a oração perigosa no fogo. No dia seguinte uma prima da concunhada da Dona Quitéria teve uma dor de barriga. Pronto! Castigo! Não tenham, meus leitores, deixem de tolices. Lancem ao fogo, ao lixo as cadeias de orações de sete cópias. Não gastem pena, nem tinta e papel em tão grande superstição, que é pecado e rematada asneira. Para livrar do azar, da desgraça, rasguem a oração em pedacinhos e a ponham no fogo a queimar sete vezes mais firme.

Em São Paulo surgiu um exótico São Vicente que deu trabalho à polícia e arrastou multidões. Madames aristocráticas foram beijar a mão do velho explorador. E esta mesma gente fanatizada por uns tarados, um neuropatas descrê dos dogmas de nossa fé, ridiculariza a Igreja e o clero, diz-se livre pensadora!

[20] Sem nada a acrescentar.

Meninas elegantes, *chics*, intelectuais, estendem a mãozinha à cigana e creem piamente nas predições do futuro.

Então, quando querem se casar sujeitam-se a tudo. Bebem água de arruda com cabelo de anjinho, mascam broto de samambaia, fazem patuás com dentes de cascavel e pele de sapo e penduram ao pescoço, amarram dez figurinhas com dez nós à cinta, bebem chá de barro preto à meia noite, perto da Santa Cruz da estrada.

Enfim... Sabe-se lá! Estas meninas quando querem se casar, sujeitam-se a todas as exigências ainda as mais absurdas, dos feiticeiros, das bruxas e dos centros de macumba de Espiritismo. E também aparece por aí muito pagão bonito, escovado, incrédulo, a bater à porta do feiticeiro e pedir ao negro boçal uma oração, uma coisa feita, ou mandinga para que sua predileta não se case com outro e morra de amores.

Que gente ridícula e estulta!

Quanto mais a incredulidade ganha terreno, mais se se desenvolve assustadoramente a superstição.

É bem verdade o que dizia Pascal: *Ou a crença ou crendice.*

EM DEFESA DA NOSSA FÉ

Domingos Barbosa

A Cruz (RJ), n. 39, 24 de setembro de 1939

Este jornal, na sua edição do dia três, e em editorial epigrafado *Propaganda comercial*, profligou, com justas razões, o abuso, que entre nós, se observa, da impressão e distribuição gratuita de estampas com imagens de Santos, e as quais visam somente a propaganda comercial.

E cita o fato de ir parar às mãos de um de seus redatores uma das ditas estampas, com o Sagrado Coração de Jesus, servindo de preconício[21] de um produto farmacêutico contra dores de cabeça e resfriados.

Na mesma ocasião, recebi eu próprio um cartão que contém, no anverso, a efigie colorida de São Sebastião, o glorioso e popular Padroeiro da cidade, e no verso, o anúncio de três medicamentos: um para o estômago, outro para a o sangue, e

[21] Divulgação.

outro mais para o fígado.

É indisfarçável o dilema que se impõe:

Ou o negociante preconizador dos ditos medicamentos é católico, e tem o dever de respeitar e acatar as coisas sagradas, ou não é católico, e não tem o direito de fazer o achincalhe que faz, por interesse, do que não é da sua religião.

Isso me faz recordar outro abuso, de que se utilizam espíritas e macumbeiros, no intuito de vulgarizar as suas crendices, para as quais as leis do país cominam[22] penas.

Vemos amiúde publicações alusivas a instituições espíritas que – no desejo de iludirem os papalvos, convencidos de que a sua seita não é contrária ao Catolicismo, – ostentam nomes, dos mais preclaros, do hagiológio cristão, como Santa Teresinha, a meiga flor de Lisieux, tão pródiga na obtenção de graças e bens para o Brasil; Santo Antônio, o grande taumaturgo português, tão da devoção de nosso povo, Santa Tereza, a insigne Doutora da Igreja, e até mesmo Cristo, Nosso Senhor e Salvador.

Mas não é só o Espiritismo, porque igualmente a outro, (a que os espíritas denominam "baixo", para que suponham "alto" o seu, e o creiam "científico", isto é, a pajelança do Norte ou a macumba do Sul), solertemente se acastela em nome do Divino Salvador, que sacrilegamente troca por barbarescos vocábulos africanos, e com o de grandes vultos que se veneram nos altares, como Santa Bárbara, lá, e São Jorge, São Cosme e São Damião, aqui.

Ora, isso tudo, – originado por ganância ou com o intuito de arranjar prosélitos entre os incautos, – constitui profanações intoleráveis.

Não podemos nelas consentir, e contra elas devemos agir os que somos católicos.

BENZEDORES

Padre Ascânio Brandão

A Cruz (RJ), n. 1423, 21 de janeiro de 1940

Em toda parte há hoje os benzedores. Benzem tudo – gente, gado, plantações etc. defumam casas, dão passes,

[22] Cominar = ameaçar ou amedrontar.

rezam preces intermináveis, tiram mau olhado, quebranto, curam bicheira de boi, manqueira de cavalo, soluço e catarrão.

Fazem prodígios!

E muita gente despreza os recursos da medicina, deixa de lado sumidades médicas, cirurgiões afamados, e vai pedir a um negro boçal e macumbeiro um benzimento.

Os casos da Manoelina de Coqueiros, da santa de Bebedouro e outras fabricantes de bênçãos milagrosas, já se tornaram célebres entre nós.

E não há zona por aí, que não tenha um benzedor ou benzedora a fazer prodígios.

Donde vem esta crendice estólida?

Da falta de fé esclarecida e instrução religiosa.

O sacerdote ungido e consagrado ministro do altar, é o depositário dos tesouros espirituais da Igreja de Deus.

No dia de sua ordenação o bispo unge as suas mãos e diz:

– Tudo quanto estas mãos abençoarem, ficará abençoado.

E o Ritual Romano contém as bênçãos da Igreja, tão belas e eficazes, bênçãos para tudo e para todos.

O padre é o legítimo representante de Deus e da Igreja autorizado para dar estas bênçãos. E Deus Nosso Senhor faz descer a sua misericórdia sobre as pessoas e coisas abençoadas por ele.

Que autoridade possui então um macumbeiro para benzer? Em nome de quem?

Quem o delegou para esta função tão santa e divina?

Após longos anos de estudos, oração e sacrifício, e depois de haver recebido sete ordens e ser ungido e consagrado ministro do altar, é que o padre está autorizado para benzer em nome de Deus e da Igreja.

Pois aí uma feiticeira qualquer, um macumbeiro atrasado, uns exploradores da credulidade pública, de uma noite para o dia se arvoram em benzedores e profetas. E o que é mais triste, pessoas de confissão e comunhão, zeladoras, filhas de Maria e gente graúda de peito engomado e anel de brilhante, não se envergonham da humilhação de uma consulta e recorrem, humildemente e devotamente, aos benzedores.

E os vigários e a Polícia sempre se vêm em sérios apuros

e dificuldades no combate à macumba, ou uso ilegal da medicina entre nós. Ignorância religiosa e bem crassa, é a única explicação possível a esse fato doloroso e infelizmente muito comum no Brasil.

Há casas de macumba e de benzedores entre nós, que são uma vergonha e uma afronta aos nossos brios de povo civilizado e cristão.

Porque não procuram as bênçãos da Igreja?

No Ritual há dezenas de bênçãos. É só pedi-las ao padre.

Porque recorrer a benzedores?

Não creiam em bênçãos falsas, em passes, em santos improvisados e milagrentos do sertão e das casas de macumba. Cuidado!

Os médicos e a polícia podem atestar a calamidade e as consequências funestas destes processos de cura.

Então, certas moças, quando vão beirando os quarenta e não conseguem agarrar um noivo... Ai! Ai! Ai! Consultam mil feiticeiros, tomam chá de terra do cemitério, amarram guizo de cascavel, pele de sapo, broto de samambaia e cabelo de anjinho.

E quanto moço bonitão e metido a incrédulo e livre pensador, não se sujeita às explorações mais imundas dos antros da macumba, só para conquistar o amor de alguma Dulcinéia!

Gente ridícula, tola, e deixem lá que se diga isto em um portuguesinho mais claro: – gente besta, não acham?

Onde falta a verdadeira fé domina a superstição. Bem dizia Pascal: *ou a crença ou crendice!*

CURANDEIROS E ESPÍRITAS

A Cruz (RJ), n. 1487, 20 de abril de 1941

São impressionantes a proliferação de curandeiros e a exploração do Espiritismo, metido à remédio infalível para a cura de todos os males.

O curandeiro entre nós é uma espécie de pajé e oráculo infalível.

Corre notícia aí, de que um negro boçal, lá no sertão, faz curas maravilhosas com benzimentos, ervas e rezas cabalísticas e orações fortes, e já se precipitam muitos à procura do prodígio, do homem que cura tudo.

No Brasil, o curandeirismo é uma vergonha.

Enche-nos de ridículo.

Fogem tantos do médico e dos recursos da ciência, quando a moléstia está no seu período curável, quando há esperanças e remédio. Buscam a feiticeira, a bruxa, o curandeiro boçal.

E quando voltam desiludidos ao médico, já não há mais recursos.

Outros tomam remédios, tratam-se inutilmente.

Quando já a última receita ou tratamento começa a produzir efeito benéfico, buscam o curandeiro e oh! Prodígio, ficam logo curados!

O efeito da medicina se atribui ao curandeiro!

E assim vai se criando o fanatismo pelo curandeiro. Não se há de negar, há pessoas iletradas, conhecedoras da nossa flora medicinal e práticas na cura: de moléstias por meio de chás, infusões e escalda-pés, e regimes etc., da medicina caseira.

Não as podemos censurar nem condenar.

Censurável, condenável, sim, é a exploração com o preternatural, o Divino, a exploração destes macumbeiros atribuindo às suas próprias virtudes e poderes misteriosos, que dizem possuir, a cura feita pela homeopatia ou raiz de erva do mato, de efeitos medicinais conhecidos.

O Espiritismo, na exploração de curas prodigiosas, e com as suas aguazinhas do outro mundo, está um caso simplesmente policial!

Nas sessões e consultórios espíritas, se dão receitas e se anunciam curas infalíveis, até de doentes que já morreram há muitos anos.

Tenho em meu poder várias receitas de falsas consultas, dadas pelos espíritos à gente, que há muitos anos dorme o sono eterno.

E muito me admiro e não posso compreender como gente que tem miolo na cabeça e é racional, acredite e se fanatize por estas aguazinhas espiritificadas e passes etc.

O Espiritismo e a macumba são a nossa vergonha. Se os católicos continuam a pactuar com a superstição... Ai de nós!

A VERDADE SOBRE A MACUMBA

Diretrizes, n. 43, 17 de abril de 1943

Mais uma vez a agitar-se entre nós o problema da macumba. A própria frequência com que essa questão surge a público, ora em debates pela imprensa, ora em discussões que envolvem numerosos setores dos nossos círculos científicos e intelectuais, prova a sua importância. Nesse momento, devido a uma deliberação do Dr. Cesar Garcez ordenando uma repressão sistemática e decisiva à prática dos ritos africanos entre nós, as colunas de nossos jornais se enchem de comentários, entrevistas e reportagens abordando os males causados pela macumba e os meios para a sua solução.

Entre todas as opiniões emitidas nestes últimos dias sobre o problema merece destaque especial a entrevista que o professor Henrique Roxo concedeu a um dos diários desta capital. O ilustre médico figura de vanguarda na medicina nacional, ataca o problema, mostrando males que a seu ver tiveram origem nos terreiros dos pais de santo. Inúmeros casos que tive oportunidade de observar foram oriundos dos candomblés e macumbas – afirma o professor Roxo ao *O Globo*.

E a sua opinião é corroborada por outras personalidades de indiscutível autoridade, que apontam a macumba como fonte de desequilíbrio nervoso de uma boa parte da população carioca. Raro foi o jornal carioca que não concedeu na semana passada espaço em suas colunas para a análise do problema da macumba.

Mas que será a macumba? Até onde vão os seus fundamentos religiosos? Até que ponto se acha ela disseminada entre nós e quais os males causados pela falsa macumba? Que meios devem ser postados em prática para a sua extinção? Quem arregimenta e dirige os fiéis do Orixá no Rio? Todas essas interrogações até agora não se acham, apesar de tudo, devidamente esclarecidas. Pretendendo contribuir também para o esclarecimento de um assunto de um assunto tão importante, *Diretrizes* publica neste número uma série de entrevistas que obteve de um grupo de estudiosos, entrevistas essas em que todos os aspectos do velho rito africano são estudados e analisados minuciosamente.

Dentro de todo o pitoresco e atualidade desta reportagem, procuraremos apresentar detalhes ainda desconhecidos para grande público, que assim terá oportunidade de aprofundar-se melhor em todas as faces da questão. Ao mesmo tempo estampados nesta página algumas fotografias inéditas de uma autêntica macumba. Essas fotografias, especialmente para *Diretrizes*, possuem um valor documentário cuja importância é desnecessário frisar aqui. Representam ao mesmo tempo um esforço de reportagem, para o qual chamamos a atenção de nosso público, pois semelhantes flagrantes ainda não foram publicados entre nós. A curiosa liturgia das cerimônias macumbeiras, gravada nestas sensacionais fotografias, ilustram perfeitamente esta reportagem, variando-a e autenticando os conceitos emitidos pelos nossos entrevistados. Servem ao mesmo tempo, também, para dar uma nítida imagem, aos que nunca assistiram uma macumba, do desenrolar de uma dessas cerimônias.

Figura 11: Médium em estado de transe com um caboclo. *Diretrizes*, n. 43, 17 de abril de 1943.

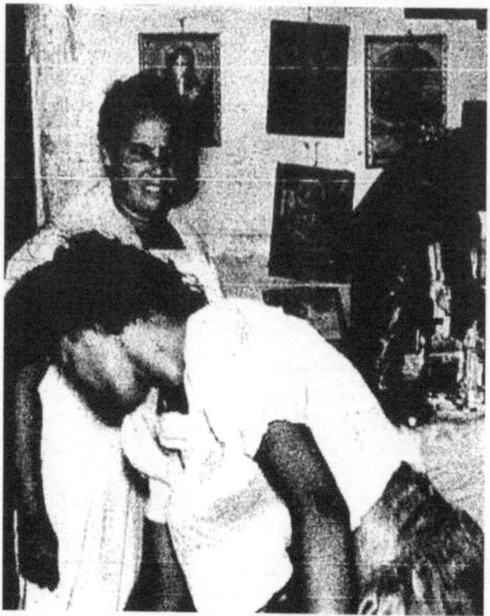

Figura 12: Médium dançando em estado de transe. *Diretrizes*, n. 43, 17 de abril de 1943.

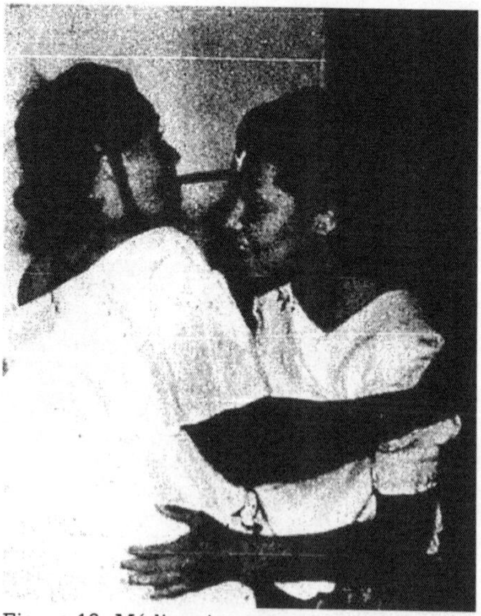

Figura 13: Médium incorporada dando abraço em uma filha de santo. *Diretrizes*, n. 43, 17 de abril de 1943.

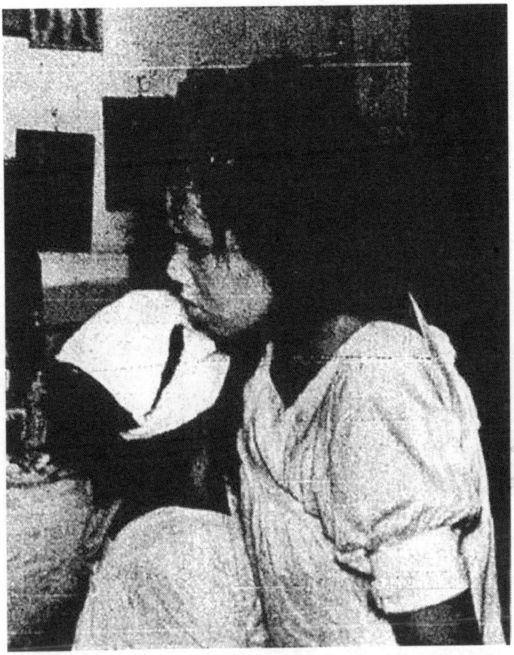

Figura 14: Médium no processo de desincorporação. *Diretrizes*, n. 43, 17 de abril de 1943.

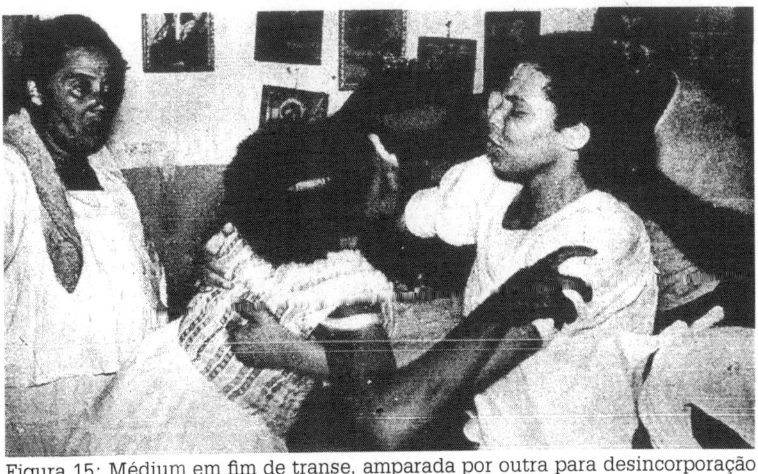

Figura 15: Médium em fim de transe, amparada por outra para desincorporação do espírito. *Diretrizes*, n. 43, 17 de abril de 1943.

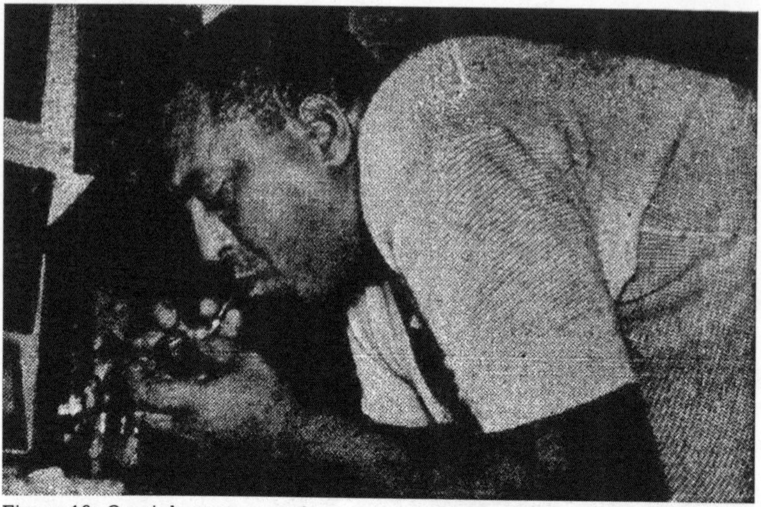

Figura 16: O pai de santo acende o seu cachimbo ritual. *Diretrizes*, n. 43, 17 de abril de 1943.

Uma entrevista com o professor Roxo

Há poucos dias o professor Henrique Roxo concedeu uma entrevista a um dos nossos diários sobre a macumba e os seus possíveis efeitos para o aumento de doentes mentais. O cientista patrício abordou o assunto nas suas linhas gerais, condenou o baixo espiritismo e fez o elogio da medida do Dr. Cesar Garcez, diretor geral de investigações, fechando todos os terreiros do Rio. O professor Henrique Roxo, no entanto, chamou a atenção do repórter para a diferenciação que logicamente tem que se fazer entre o baixo espiritismo e o Espiritismo.

– No baixo espiritismo – diz o professor – o médium que dirige a sessão convence a assistência que nele se encarnou um espírito. E com tal propriedade trabalha, com tais métodos de persuasão, que sugestiona o médium, geralmente uma mulher, e esta se deixa apoderar pela crise de histerismo. Isso é que deve ser condenado. Faço questão de explicar, entretanto, que não faço campanha contra o espiritismo científico, esse que procura verificar o que de verdade existe além da morte. Refiro-me ao Espiritismo de Richet, Morselli e Crookes.

Continuando a sua série de comentários, o professor Henrique Roxo teve oportunidade de falar ao repórter da sua velha campanha contra a macumba e o baixo espiritismo. Ela é antiga e a sua ação não se tem limitado somente entre nós. No estrangeiro o professor já pronunciou diversas conferências a respeito, sempre orientadas dentro do seu ponto de vista que sempre foi condenatório aos excessos daquele rito negro.

– Quando estive em Paris – continua o professor Roxo – em 1936, realizei uma série de conferências contra essas doutrinas, provocando medidas de repressão imediata. Na Romênia todas as tendas foram fechadas e, em Paris, os mais altos centros científicos apresentaram propostas para que igual atitude fosse tomada.

Terreiros e despachos

O professor Henrique Roxo afirma que em cada bairro do Rio há uma média de 10 terreiros. Talvez há poucos anos atrás esse número fosse muito maior. A macumba sempre. A macumba sempre existiu no Rio de Janeiro. Depois da Bahia, é aqui que se encontra o maior número de terreiros e candomblés e adeptos do rito negro. No tempo da República Velha, quando os senadores e deputados subiam os morros e iam aos subúrbios consultar os pais de santo e sofrer os seus despachos, que lhes antecipavam resultados de eleição e campanhas a macumba teve a sua era dourada. Diariamente aparecia na rua um feitiço bem preparado contra uma personalidade de destaque na política.

É lógico que a macumba, vendo-se tão prestigiada, não tardasse a degenerar em um baixo comércio bastante lucrativo. Muitos dos terreiros perderam, assim, o seu aspecto pitoresco de religião primitiva, com todo o seu sincretismo próprio, para se tornar em uma indústria fraudulenta e ilegal. Parte daí, dessa mudança rápida, a lógica atitude da polícia contra a macumba e os seus adeptos.

Há ainda a falsa macumba. É a que poderíamos chamar de macumba estilizada, organizada para o deleite dos turistas que aqui aportam curiosos de ritmos negros e cenas inéditas.

E tantas outras explorações vêm sofrendo o rito negro,

que é bem difícil atualmente se fazer uma distinção entre o que verdadeiramente é a religião negra e o que não passa de um *ersatz*[23] criminoso e cínico.

Com a palavra o professor Nóbrega da Cunha

Quando *Diretrizes* procurou o professor Nóbrega da Cunha, na Divisão de Ensino Primário, sabia que ia ouvir a opinião de alguém perfeitamente integrado no assunto.

O professor Nóbrega da Cunha inicia a sua palestra refutando o Dr. Henrique Roxo, dizendo que não acredita que a macumba, a verdadeira macumba, produz doentes mentais.

– Quer dizer que não reconhece nenhum fundamento científico que condene a macumba?

– Eu não conheço nenhum fundamento científico que possa condenar uma religião.

O professor Nóbrega da Cunha inicia então uma série de comentários sobre a prática do rito negro. Ele já assistiu centenas de sessões. Sobre o assunto já escreveu dezenas e dezenas de artigos e reportagens. E quando o repórter indaga qual o meio mais indicado para reprimir os excessos da macumba, o professor Nóbrega da Cunha pede licença para me fazer uma pergunta.

Educação – Único remédio

– Excesso das macumbas ou dos macumbeiros? Há necessidade dessa distinção. Uma coisa é um rito ou uma religião; outra coisa é o ato dos seus sacerdotes ou dos seus adeptos. Quanto à primeira, não há o que prevenir, porque não há excesso. Quanto à segunda, se se trata de excesso produzido por efeito de ignorância, mas sem má fé, a educação é o único remédio idôneo. Se, porém, o caso é de fraude ou de ação criminosa, evidentemente a repressão adequada é a do Dr. Cesar Garcez.

Impressão de uma macumba – As explorações

– O senhor já assistiu a uma macumba, professor? Que

[23] Imitação, geralmente artificial e inferior ao produto que substitui; sucedâneo.

impressão lhe causou?

– Algumas centenas de vezes. Não é possível dizer que impressão fica de uma cerimônia de macumba, porque, para ser entendida esta impressão, seria talvez indispensável explicar toda a macumba – o que eu considero que não consegui fazer suficientemente para o público em geral, nas quarenta crônicas da reportagem que escrevi para a *Vanguarda*, em 1927.

Pedimos ao professor Nóbrega da Cunha que nos desse agora qualquer explicação sobre as explorações da macumba. Como se alega, o rito negro tem sido objeto de explorações literárias, artísticas, comerciais, políticas e turísticas. Qual, na opinião do professor, a mais perniciosa dessas explorações?

– Se se entende por exploração literária e artística o aproveitamento, em crônicas, composições, desenhos, quadros, novelas, peças teatrais, músicas e arranjos radiofônicos de temas de macumba, o que se pode considerar pernicioso nessa atividade é apenas a falta de critério com que geralmente são feitos muitos desses trabalhos, falta, essa, de critério caracterizado pelo simples uso de palavras, denominações e ritmos sem estudo dos respectivos significados e valores. Muita coisa desse gênero dá ao público desprevenido uma noção inteiramente falsa do assunto. E estudos sérios, baseados em pesquisas cuidadosas, tendo por fim dar de fato conhecimento da coisa, em vez de perniciosos, seriam explorações, no bom sentido da palavra, merecedores de elogio e de estimulo, porque, como fonte de motivos estéticos – para todas as expressões de arte – a macumba é uma rica e borbulhante mina de originalidades que possuímos.

Explorações públicas políticas houve, principalmente na República Velha e, sobretudo, entre políticos do Distrito Federal e da Bahia, que a ela recorriam mais para efeito de prestígio eleitoral do que mesmo para utilizar, nas lutas partidárias, a eficiência dos seus processos mágicos. Nestes últimos 10 anos, porém, não tenho notícias de que tais recursos hajam sido repetidos, muito menos depois que o presidente Getúlio Vargas, em novembro de 1937, liquidou com os políticos.

– E a exploração turística?

– Como curiosidade, portanto, como meio de atração turística, considero a macumba capaz de produzir resultados econômicos importantes, da mesma forma que a Semana Santa de Sevilha, na Espanha, a reconstituição da Paixão de Cristo, em Oberamargau, na Alemanha, e as grandes celebrações místicas do "Father Divine", em Nova York. Até agora, todavia, a macumba tem sido realmente mal explorada para esse fim, e os turistas, que aqui aportam com esse interesse tem visto apenas encenações e não cerimônias de macumba.

Em outros países

– E em outros países, como têm sido encarados os ritos africanos?

– Em poucos países, fora da África, há ritos africanos; Brasil, Estados Unidos, Cuba, Haiti e algumas outras ilhas das Caraíbas, onde ainda existem massas de população descendente do primitivo elemento escravo. Em nenhum, porém, que eu saiba, o assunto teria sido encarado de modo geral, sistemático e definitivo, havendo como aqui dispositivos gerais de legislação aplicáveis ao caso conforme a espécie, sem necessidade de decretos, códigos, regulamentos ou posturas exclusivas.

A medicina ilegal

– Uma das mais graves acusações que se tem feito sobre a macumba, é a de que ela mantém o comércio da medicina ilegal. Principalmente nos centros rurais, distantes das cidades, os curandeiros abundam e se multiplicam. A criança atacada de vermes, cujos pais não podem ir ao médico da cidade mais próxima, e, mesmo que pudessem não teriam dinheiro suficiente para adquirir os remédios da drogaria, encontram no curandeiro, nas suas lições e conselhos, a única farmácia e médico acessíveis. É lógico que o impaludismo não pode ser curado com passes, nem um ataque de congestão pode ser sanado como uma simples garrafada.

O assunto, aliás, exige que façamos uma delimitação clara entre o que se chama de medicina ilegal e o que verdadeiramente representa a medicina. A medicina oficial, a medicina dos compêndios, dos médicos e dos laboratórios, atingiu a certo ponto na carreira das suas conquistas. Há hoje o remédio indicado para todos os casos e doenças. O microscópio revelou o que antes parecia mistério o que antes e problema insolúvel. Ora, a medicina ilegal, rústica, primitiva, parte de um princípio abstrato, em uma mistura total de crendices, superstição e misticismo. O mato, com sua infinita variedade de plantas, é a grande farmácia. E mais os tabus que atravessavam, indestrutíveis, gerações e gerações de curandeiros e mágicos.

Observações do professor Arthur Ramos

A respeito da medicina ilegal exercida nas macumbas, o professor Arthur Ramos tem observações interessantes que extraímos do seu livro "O negro brasileiro". Durante muito tempo médico legista no Estado da Bahia, o professor Arthur Ramos teve oportunidade de observar os casos mais estranhos, analisar as mais diferentes receitas. Se algumas dessas garrafadas são inofensivas, outras constituem um sério perigo para a saúde do paciente, às vezes levando-o à morte ou à loucura. Deve ser sobre este ponto que o professor Henrique Roxo baseia todos os seus ataques à macumba, "fábrica de loucos", segundo a sua expressão. Interessante é se notar a dissertação que Arthur Ramos faz sobre o curandeirismo. Partidário da medicina oficial, ele não nega, no entanto, que ela tenha partido de uma medicina rústica e primitiva, do empirismo sacerdotal. O feiticeiro também é o *medicineman* do Brasil. O *medicineman* virou curandeiro. Para a lógica do homem primitivo, a doença, como vimos, é o resultado de um sortilégio: tem uma causa sobrenatural. Ela é considerada como produzida por um agente invisível e intangível, concebido, aliás, de maneiras muito diversas, segundo Levi-Bruhl. É claro que deste modo de se conceber a doença surgem práticas relativas ao diagnóstico e tratamento.

Curandeirismo e charlatanismo

– Mais interessante ainda é a distinção que o professor Arthur Ramos faz entre curandeirismo e charlatanismo. O curandeiro é um inconsciente, vamos dizer, um idealista. Suas receitas não visam um comércio nem qualquer remuneração. Ele sente que aquilo tudo lhe foi inspirado pelos santos, pelos Orixás. Enquanto que o charlatanismo é o consciente, um transgressor voluntário e responsável de um código de classe. O curandeiro acredita plenamente nas virtudes de suas práticas; o charlatão sabe perfeitamente que tudo aquilo nada vale e só espera um lucro prático.

Uma entrevista com Edison Carneiro

Edison Carneiro, ator de dois livros sobre etnografia religiosa, conhecedor das questões ligadas ao elemento negro no Brasil, foi um dos procurados por *Diretrizes* para a organização deste inquérito. Edison Carneiro olha o problema da macumba por um prisma absolutamente científico. Não nega que, de fato, nela reside, como nas demais manifestações religiosas do negro, fontes de originalidade brasileira e um material riquíssimo para pesquisas etnográficas e sociológicas.

– Se a macumba existe é que – diz Edison Carneiro – para falar a verdade, o processo de união nacional ainda não conseguiu, completamente, absorver o elemento negro, integrando-o na comunidade brasileira. Ora, nestas condições, só o progresso condena a macumba – e será o progresso mesmo quem lhe dará o tiro de misericórdia.

Chamamos a atenção do jovem sociólogo para o problema do curandeirismo. Tinha em vista algum meio prático de combatê-lo?

– Os excessos – o curandeirismo e a exploração dos crentes – são, naturalmente, casos de polícia. Mas até mesmo o curandeirismo tem a sua justificativa no processo histórico de desenvolvimento desses povos, na África, e da ignorância em que vivem, do mundo que se chama civilizado, os macumbeiros. Mas a feitiçaria, as encantações, os despachos etc., são coisas que a luz elétrica, o automóvel, o rádio, o livro e uma alimentação sadia e barata relegarão para o esquecimento.

Edison carneiro fala agora do problema das explorações que vem sofrendo a macumba, em todos os setores artísticos, comerciais e literários:

– Este aspecto – o da exploração da macumba – me parece o mais doloroso e, em verdade, o que mais mereceria repressão. A exploração política terminou e a exploração turística é acidental e esporádica. Mas a literária... Nesta classificação poderíamos incluir os artigos e os livros pretensamente científicos – hoje tão em moda – que advogam a existência dos mocambos pela poesia que essas habitações sem ar e sem luz dão às cidades, que descrevem as relações entre o senhor e o escravo como as melhores possíveis e que se referem à senzala, à mãe preta e aos moleques de engenho com certo ar saudosista, que denuncia o senhor de engenho e, mais do que isso, a pura e simples embromação mascarada de ciência.

A opinião de Aydano do Couto Ferraz

Depois de ouvir o autor de *Negros Bantus*, procuramos falar com o escritor Aydano do Couto Ferraz, também estudioso do assunto afro-brasileiro, um dos discípulos do professor Arthur Ramos. Dando sua opinião sobre os meios mais persuasivos de combate à macumba, o escritor baiano desenvolveu as seguintes considerações:

– As pessoas que mais entendem dos meios de reprimir os excessos causados pela macumba são os neurologistas e psiquiatras. Agora, acho também que somente a ampliação de medidas de higiene mental e a educação podem servir no caso. E se alguém pedir um exemplo cito a obra do professor Ulisses Pernambucano, realizada no Recife, a qual, se ainda persiste, representa um grande passo para a solução desse problema. E quanto às explorações feitas em torno da macumba, explorações artísticas, comerciais, literárias ou mesmo turísticas, deve se juntar mais uma: a dos falsos cientistas. Há indivíduos que se intitulam sociólogos e apologistas, mas na realidade entendem muito pouco da matéria.

– Podia citar alguns nomes?

– Não, não convém. Não vou investir contra o Sr. Homero Pires, porque escreveu algumas bobagens como legendas de fotografias de *Os Africanos no Brasil*, do grande mestre Nina Rodrigues, quando ainda hoje há quem faça tanta mistificação sobre os problemas do negro brasileiro. A "piedade branca" de certos escritores que enchem de sentimentalismo o excelente motivo de criação literária que é a religião afro-negra, é outra coisa que há a condenar. Enfim, seria um nunca acabar.

Estávamos satisfeitos. As opiniões emitidas pelos nossos entrevistados representavam, sem dúvida, uma excelente contribuição para a solução de um problema ligado vitalmente à saúde mental e física de grande parte do povo brasileiro. No inquérito aqui publicado ressalta desde logo a oportunidade de todas as medidas que visem debelar um mal, cujo prolongamento não pode e não deve ser permitido. Tanto os exploradores da macumba, como os estimuladores do baixo espiritismo serão liquidados de uma vez para sempre por nossas autoridades, que em sua atividade saneadora saberão naturalmente separar o joio do trigo, defendendo a sociedade dos elementos nocivos. Só assim poderá ser destacado o trabalho sincero dos que com verdadeiro espírito científico se dedicam ao estudo das mais altas questões espirituais.

A MACUMBA

A Cruz (MT), n. 1737, 27 de outubro de 1946

A propósito do desenvolvimento da macumba, recebemos uma interessante carta, da qual destacamos para esclarecimento dos nossos leitores, o seguinte tópico:

De dois anos a esta parte, venho acompanhando, a princípio como uma tênue chamazinha e, atualmente, como um fogo abrasador, daninho e diabólico a propagação nessa cidade do Senhor Bom Jesus de Cuiabá dessa exótica macumba, com a prática escandalosa dos seus candomblés.

Católico praticante, como os que mais o sejam, procurei vencer certos escrúpulos e atendi gentil convite de pessoa amiga para verificar *in loco* do que se tratava.

O que me foi dado observar foi uma miniatura de África

e Brasil selvagens; – o brasileiro com um pé nas longínquas selvas africanas e outro nas tabas índias do nosso *interland*.

Um Peji ou Ifá à semelhança do nosso venerável altar católico, com diversos dos seus santos e onde, em uma revoltante heresia, Jesus Cristo é Oxalá, São Jorge é Ogum, São Sebastião é Oxóssi, São Jerônimo é Xangô, Ibeji é São Cosme e São Damião, Nossa Senhora é Yemanjá, tudo isso em meio a um amontoado de símbolos cabalísticos, pinturas de estilo egípcio, pentagramas etc.

O sacerdote de tão estranha seita chama-se babalaô – espécie de médium, o qual, ao ritmo de danças, de cantos monótonos, cai em uma espécie de transe ou coisa que o valha, recebe o santo que neste caso pode ser um preto velho, um índio ou um caboclo e pita cachimbo, fuma charuto, bebe marafo (pinga), faz passes, aconselha banhos de descarrego (mistura de guiné, arruda, cipó abre caminho, sal grosso etc.).

Notei na sua assistência a preponderância do elemento católico entre os quais gente de destaque social.

Informações fidedignas atestam a proliferação em Cuiabá, para mais de trinta desses terreiros com seus cabulas, contando um total de perto de três mil fanáticos que apregoam os seus milagres.

O mais importante em tudo isso é que se percebe nos seus bastidores o maquiavélico dedo do polvo comunista.

Que se previnam todos contra os males nocivos, já temos sentido suficientemente.

ZÉ DA ILHA – ESPÍRITO DE LUZ

A Cruz (RJ), n. 17, 23 de abril de 1950

Os arraiais de Umbanda devem estar alarmados ou satisfeitos com o sucedido. *Baixou o santo e...Aí estalou o conflito. No chão, estendido, um homem... Era o Zé da Ilha, o afamado e terrível desordeiro que toda a cidade conhecia.*

Há dois fatos a considerar: as circunstâncias em que ocorreu o crime, e a espécie de gente que formou o rolo.

Em primeiro, as circunstâncias gritam bem alto à sociedade estupefata, da prática da macumba... A despeito do que se contém, no Código Penal brasileiro. É o baixo espiritismo, atualmente professado até por gente da alta sociedade, a qual assim se envolve com a gente da pior espécie, confundindo-se destarte com assassinos e ladrões!

Em segundo lugar, era isso mesmo que se constatava entre os que estavam no terreiro, entre eles o Zé da Ilha, afinal a desgraçada vítima do conflito que estalou a seguir... Ao curso dos hamboleiros, dos crentes e feiticeiros.

Não discutimos a personalidade do Zé da Ilha. Não foi o único dos criminosos desaparecidos, nessas trágicas circunstâncias.

Consideremos apenas o estímulo que os macumbeiros recebem, constantemente, de figuras de projeção social, ao ponto de frequentar-lhe os terreiros, por simples especulação, política ou negocista... E, da própria polícia que lhes permite funcionarem, ainda que ilegalmente!

Como gente de juízo, civilizada, não chamemos a macumba religião.

Foco de perversão humana, toca de criminosos e desclassificados... Isto sim! É verdade que Zé da Ilha tanto podia ser assassinado na rua, em uma taberna, atrás de uma árvore... Mas, seus desafetos, malandros como ele, atraíram-no à macumba.

Quiseram talvez transformá-lo em um espírito de luz, protetor do rabo de arraia, a ser praticado nos terreiros da cidade.

Um conselho à polícia: – fechem já todas as macumbas, porque o espírito de Zé da Ilha vai predominar... E o pau vai roncar grosso, em plena função!

Como é triste verificar-se que a lei não é cumprida.

Quanto as nossas autoridades vão prestar o seu melhor serviço, extinguindo a macumba, esta praga que já se alastra pelo centro urbano?

E o Código Penal... Para que é que serve?

NÃO FOI REQUERIDA PRISÃO PREVENTIVA PARA OS MATADORES DE ZÉ DA ILHA

Ultima Hora, n. 304, 10 de junho de 1952

José da Silva Rosa, o temido Zé da Ilha morreu primário, sem uma condenação sequer. Absolvido em 22 processos por falta de provas ou legítima defesa

O promotor Atila de Sá Peixoto, do Tribunal do Júri, denunciou, ontem, João Pereira, Homero Severino dos Santos e Euclides Araújo e Silva, os quais, no dia 16 de abril de 1950, em uma macumba no morro São João, teriam matado a tiros José da Silva Rosa, o temível Zé da Ilha.

Causando surpresa, o promotor, em seu despacho, não requereu a prisão preventiva dos acusados, como é hábito fazer em processos cuja pena máxima é superior a 20 anos. Justificando esta atitude, diz o representante do Ministério Público, que:

– Deixo de pedir a prisão preventiva, por admitir, a priori, existir em favor dos réus indícios suficientes de terem agido em legítima defesa. A vítima era notoriamente conhecida por sua singular temibilidade, não só pelos moradores dos morros, como pela própria polícia. Ademais os réus confessaram espontaneamente a prática do crime, até então imputado a outro delinquente, Leopoldo Vicente, rival e desafeto de Zé da Ilha.

O promotor Atila ainda tece elogios aos funcionários da Polícia Técnica que trabalharam no desvendar deste caso, envolvido, a principio de circunstâncias misteriosas, dizendo: "Não obstante constituir uma obrigação" o exato cumprimento de suas funções, deve o funcionário ser louvado, pois constitui um estimulo e um exemplo para os demais o reconhecer-se o mérito daqueles que sabem servir à Justiça, com probidade e dedicação sem embargo dos poucos recursos materiais que dispõe.

Morreu primário, com 22 processos e uma faca na mão

Apesar da grande fama que cercou Zé da Ilha, apontado como autor dos mais fúteis crimes e como desordeiro desalmado, constatou-se no estudo do processo, ter ele morrido primário, sem uma condenação sequer. Embora seja estranho, Zé da Ilha respondeu a vinte e dois processos em nosso Foro Criminal, inclusive um por homicídio. E todos terminaram ou no arquivamento ou em absolvição. Isto porque, em maior das vezes ficou provada a legítima defesa, pois volta e meia era desafiado por outros malandros que queriam ter o "cartaz" de desbanca-lo: sendo que, em outras tantas era acusado de ter praticado crimes em locais, onde nem sequer pisara.

Na última fotografia que Zé da Ilha tirou, a do laudo de exame cadavérico, vê-se o conhecido desordeiro ensanguentado, mas com a sua "peixeira" na mão.

JÚRI SENSATO

Revista da Semana, n. 17, 28 de abril de 1951

A campanha policial contra a macumba começou quando aportaram ao Brasil os primeiros escravos negros. Os africanos tinham em suas terras a sua religião. Umas, com feitio original; outras, muçulmanas. Algumas, de visível ecletismo católico. Todas seguidas com afeto, compunção e respeito. Nos altares, os Orixás enfeitados, toscos na sua feitura artística, representavam uma forma de fé na vida eterna.

Com a mudança de local, da África velhíssima e selvagem, para o Brasil ainda em botão, porém, mais selvagem ainda, tiveram os negros que lançar mão de outros processos de religião e foram dando nome de santos católicos aos seus ícones africanos. Clandestinamente, porém, os terreiros e os congás cumpriam sua missão religiosa executando o ritual e a liturgia lá da África distante.

Nasceu daí o Candomblé, o Xangô, a macumba, toda essa série de práticas afro-brasileiras através das quais os seus crentes e fiéis se põem em contato com os seus guias espirituais. Que crime haverá nisso? Nenhum. O Brasil permite a liberdade religiosa em todos os graus e para todas as raças. O que é proibido é o ato ilícito e que atende contra os bons costumes e a moral.

Na macumba e seus sinônimos, dançam, cantam, tocam

atabaques e bebem aguardente. Que crime há nisso? Beber aguardente é hábito brasileiro até nas altas camadas sociais. Por isso, quando foi presa e processada a ré Laura Maria dos Santos, acusada de atos ilícitos em um candomblé da Bahia, o júri absolveu a macumbeira, não encontrando nenhum apoio legal para mandá-la à prisão.

E, coisa edificante: o Conselho de Sentença estava constituído exclusivamente de mulheres.

Figura 17: O júri feminino sensato. *Revista da Semana*, n. 17, 28 de abril de 1951.

MACUMBA EM CAXIAS

Ultima Hora, n. 22, 6 de julho de 1951

É preciso ter medo. Um pouco de respeito e, sobretudo, de medo. Medo em toda a parte, nos olhos, nos, nas mãos e nos cabelos. Pois a eu chamamos macumba vai começar

Estamos em Caxias e é uma noite de sábado. Dentro da noite, Caxias é uma ardente ilha cercada de sombras de contos, por todos os lados. Vamos ver uma macumba feérica. E muitos têm a impressão de que o chão da noite está juncado de velas acesas. Acaba de chegar gente de fora. Um grupo de Copacabana – mulheres e homens – que se insinua por entre as trevas. São moços e rapazes de Copacabana e pôs estrangeiros em Caxias. E no grupo há de tudo: a moça frágil e fina, o advogado, o industrial, o político e inclusive uma pediatra, encontraram a caminho da macumba. A moça elegante, que toma refrigerante de canudinho na distante Copacabana – tem o rosto velado pelo medo. E o industrial gordo pensa na própria angina pectoris,[24] sabe que ela o espia, espreita, sabe que ela está dentro dele como o fruto na semente. Mas enfim ninguém pensa ali nos problemas pessoais. O que perdura, e secretamente, é a angústia, angústia que se irradia das profundezas de cada um.

Eis Caxias de joelhos. O poderoso Xangô que, conforme a lenda do Candomblé é rei de toda a nação nagô, instalou seu reinado no município fluminense. Em Caxias, como é hábito em todos os lugares, há amores, malquerenças e ruindades. Há pequenos e grandes pecados: vizinhos e até parentes que se indispõem; crianças que levam tombos ou perseguem passarinhos; e, não raro, por detrás do riso e da face, há uma volúpia que se esconde. Sim, há dores no município fluminense, como de resto em todos os municípios. E houve o caso daquele tuberculoso que morreu – e tão sereno – com ar de santo. É preciso paz em Caxias. Sossego para seus homens e mulheres.

É preciso libertar cada coração de suas agonias e dos seus ódios. Pois isso houve a festa no terreiro do mais famoso feiticeiro: Joãozinho da Goméia. Senhor das tempestades, dos raios e dos trovões, senhor ainda de forças que ele próprio contém e ele próprio desencadeia – o temível Orixá desceu no abaçá e ordenou a Caxias que se purifique dos próprios pecados e mágoas. Em cada cidade há muitos joelhos, e olhos e mãos sem conto, e muita fartura de lágrimas. É mister, pois, ficar de joelhos e chorar, é mister libertar os gemidos e mergulhar no medo como em um banho purificador.

---

[24] Angina é o termo utilizado para definir a dor ou desconforto no peito de uma pessoa.

O castigo

A mocinha, que veio de Copacabana, tem uma lágrima secreta. Não é de Caxias, mas ainda tem medo. Espia a macumba – a curiosidade existe nela como uma febre – e já não se lembra mais do seu bairro longínquo. A festa se isola de tudo e de todos, cresce na noite como um claustro em chamas. O terrível Orixá empunha sua ameaça maldição sobre os telhados; ou sobre ela a catástrofe. A mocinha forasteira pensa em ajoelhar-se também diante da desgraça prometida.

E continua Xangô. Veio da pedra do raio, onde habita, incorporou-se em Joãozinho da Goméia e, fora do inviolável círculo dos filhos de santo, falou ao jornalista. Caxias era um ninho de bandidos. Quantas agonias libertadas afinal para a morte? Assim, por muito tempo, até ulterior deliberação do Orixá, Caxias não terá mais, em seu seio, famílias ensanguentadas, parentes, mães chorando e morte de parentes, mães chorando filhos próprios e alheios. Ou tudo muda ou, então, o castigo virá de alguma furna negra e gotejante, o castigo fenderá faces, rostos serão estilhaçados, e tudo cairá na agonia mais profunda e sem consolo.

A licença de Exu

Agora é Exu, que se chama. Sim, Exu o dono das encruzilhadas. A moça de Copacabana, que nada entende de macumba, pergunta a si mesmo em que misterioso mundo estarão instalados esses reinos, talvez em sete cimos flamejantes. Por outro lado, uma imagem se fixa e se repete na cabeça da moça – a imagem de uma cidade, de rastros, puxada pelos caboclos. É Caxias.

E o canto nasce; Joãozinho da Goméia e seus filhos de santo pediam licença a Exu:

Agô,
Agô Lonan.

O ponto é cantado sete vezes. Surge Janadô e retira, do meio do terreiro, e a farofa que será colocada na encruzilhada, minutos após, para o "homem da rua". Vozes, gestos, lábios e mãos se tornam espectrais. A própria não é senão espectro de si mesma. Nas ruas, os pés dos transeuntes enterram-se em poços de sombras. Os atabaques estão tocando. E a moça de Copacabana pensa que terá, em si, até morrer, essa música. Espia tudo, na sua curiosidade voraz. A orquestra continua, com três baianos autênticos comandando. E há, também, o som único, inconfundível e cativante, do agogô. A moça teria vontade de gritar:

– Porém com essa música!

E repetir:

– Porém com essa música!

O que ela não sabe é que, agora, tudo corre bem. Exu foi despachado. Na madrugada anterior, tivera lugar a matança de animais. E o sangue vivo e lindo fora separado para regar o misterioso castelo de Exu. As velas também estiveram acesas e não mais iluminam o peji, quarto de santo.

Kaô Kabiecilé!

A orquestra de atabaques acompanha os cânticos para Ogum (Santo Antônio), Omolú (São Lázaro), Oxóssi (São Jorge). No oponigé de Obaluaiê, os presentes tem medo, sobretudo o grupo de Copacabana. A festa, porém, não chegou, ainda, à sua plenitude. Pois Xangô, o Orixá do dia, tem de ser saudado, vai baixar nesta festa em intenção de Caxias. As filhas cantam:

Obá lelê
Agô, agô
Agô ló daké
Obá, Obá

A moça de Copacabana está cercada de palavras desconhecidas. Arregala os olhos, como se assistisse ao nascimento de um idioma. Essas palavras, que tem perfume, gosto, cor – são inesquecíveis para ela. E olha agora Joãozinho da Goméia. Depois de sete vezes, ele recebe os influxos do grande Orixá, rei de Oyó. Cai para um lado, para outro. Não é mais o Joãozinho da Goméia quem está ali, no comando do terreiro. E Xangô carrega nos ombros, nas costas, nos braços, como invisíveis mantos, os homens do rei. Xangô escuta e nada fala. E vem o canto:

Kaô, Laré, é
Kaô ledekan,
Obá, agô
Kaô, Kaô

Yansan! Yansan!

Yansan foi mulher de Xangô, no reino dos encantados. E venceu, para o companheiro, uma guerra vital para o destino do reinado. Cantam que, perdeu, na maior batalha, o pedaço de uma orelha. Yansan veio e não poderia deixar de vir, com a orelha mutilada. Compareceu com sua paramenta vermelha e branca.

Depois que Xangô dirigiu-se ao peji para mudar de roupa, as filhas cantavam para a irrequieta Iyabá:

E mona gangue
Mone gangue
Damilongê
E mena, é

Ninguém do grupo de Copacabana sabia que isto traduzia o lamento: "Sou a virgem advogada do raio, sacrificada pelo raio". Três "aparelhos" foram possuídos de Yansan. E, de momento a momento, ouvia-se a saudação:

Eparrei!

Oxóssi, o deus da caça, hábil e ágil guerreiro, o ex-índio que abateu o dragão, evitando o sacrifício do reino dos encantados, Oxóssi compareceu. Veio colaborar, com Xangô e seus ministros, para aplacar as agonias do município e, ao mesmo tempo, revitalizar o Candomblé. Dir-se-ia um príncipe nas suas roupas flamejantes e com o seu chapéu dourado, de feltro. Sua simples presença embriaga os que estão ali. Dava em todos como que uma febre, uma doença de alegria. Oxóssi dançava, enquanto cantavam:

Obóbé
Borujá

Obóabó
Berujá lenan
Obó
Berujá sokê

O queria dizer: "eu fui na mata caçar. A caça que eu trouxe está aqui".

Figura 18: Joãozinho da Goméia. Foto de Pierre Verger.

O delírio

Ainda não era tudo. Os fogos explodiam no ar, abrindo no alto cúpulas efêmeras. E a angustia não atingira ainda o apogeu. Em um canto, alguém se acocorava e tinha movimentos lerdos e pacientes como os de certos monstros submarinos. Duas da manhã e a festa começara à 10 horas. Mas parecia bem longe o momento em que o batuque começaria a agonizar. Os Orixás vestiam suas roupas e as saudações ocorriam pelas suas figuras:

Edurê demim lonan
É a *umbó Kio uá* jê

Ou

Toté, Toté
Toté de maiongá
Maiogonguê
Maiogonga é

Gente de fora

Esteve ali gente de toda a espécie. Além do grupo de Copacabana, inclusive o pediatra, muitas outras pessoas. Gente rica e gente pobre. Médicos, advogados. Estudantes, pobre e o industrial que, um dia, terá o último e definitivo ataque de angina pectoris. Operários de fábrica lado a lado com as grã-finas que vieram de longe. O delegado de Caxias, tenente Abílio Gomes Vieira, foi convidado e compareceu à macumba de Xangô. Vários policiais o acompanhavam e ele permaneceu lá até às 23 horas. Mas houve alguém que devia estar presente e não apareceu: o deputado Tenório Cavalcanti. É hábito de Tenório aparecer nestas festas. Parece que a morte o espreita – e não foi nem uma, nem duas vezes, que ele desejou e pediu a proteção amiga de Xangô.

Voltou a moça grã-fina para Copacabana de sempre. Sua imaginação exasperada sonha com luzes misteriosas. Imaginação algo assim tão feérica como um inferno. E uma imagem se repete no cérebro atormentado – uma cidade puxada pelos cabelos e sangrando os joelhos na pedra fria. Mas agora tudo está salvo. A festa grave e estranha levara o município de suas agonias e paixões.

O PROJETO 259/50

A Ordem, n. 5, maio de 1952

Transcrevemos a seguir o texto do parecer da Comissão de Justiça da Câmara do Distrito Federal sobre um projeto de lei pela qual seria reconhecida como instituição de educação e assistência social a Tenda Espírita São Miguel Arcanjo (TESMA).

O presente projeto não tem curso formalmente defeso pela legislação positiva em vigor.

No entanto o que nele tem curso formalmente defeso pela legislação positiva em vigor.

Pretende-se para a Tenda Espírita São Miguel Arcanjo, reconhecimento da qualidade de Instituição de Educação e Assistência Social, com vistas aos favores da lei. Ora, os estatutos da associação deixam patente que ela é de natureza apologético-religiosa e não educativa e assistencial. Basta ver que a finalidade primeira de TESMA é desenvolver o estudo teórico experimental e prático da Doutrina Espírita, segundo rezam os estatutos.

Porém há mais. No memorial apresentado pela interessada, advogando sua petição, se vê que ela é procurada por portadores de lesão psíquica, carentes de imediata assistência espiritual, afeta aos guias da Tenda sob a orientação do chefe do nosso terreiro, o caboclo da Pena Branca.

Ora, é evidente, pelo alegado, que estamos diante de charlatanismo ou de coisa pior. Os portadores de lesões psíquicas devem procurar médicos especialistas legalmente habilitados e não o caboclo da Pena Branca, que poderá ser pessoa prestigiosa, mas seguramente não está legalmente habilitado a exercer a psiquiatria. Além disso, é do conhecimento de quantos se interessam pelo problema das psicopatas – nomeadamente pelo da etiologia das mesmas – que o Espiritismo concorre com larga cota para as tragédias de alienação mental nas suas diversas formas, sobretudo as de tipo alucinatório, pela permanente e anormal excitação que provoca em seus adeptos, situação que se agrava quando há miscigenação de atividade e práticas de macumba. Aí está o livro de Leonildo Ribeiro, para só citar um especialista nacional, a depor impressionantemente em favor do que alegamos.

O ESPIRITISMO NO TRIBUNAL DA RAZÃO

Álvaro S. da Silva

A Cruz (RJ), n. 1913, 8 de novembro de 1953

Uma das maiores preocupações dos dirigentes da Federação Espírita Brasileira, ao que nos parece, é aquela pela qual estão empenhados, no sentido de fazerem crer que a doutrina por ela difundida é a melhor, porque se trata do verdadeiro Espiritismo. Isto deixa patenteado que há, por aí, outra espécie de Espiritismo – que não é verdadeiro!

Ao que sabemos, nem todo espírita é kardecista. Todavia, quem negará que sejam autênticos espíritas todos os seguidores da Umbanda: todos crentes na Quimbanda; todos os filhos e pais de santo; todos os macumbeiros; todos os feiticeiros e todos os adeptos do grande foco, – quando todos eles são súditos fidelíssimos de uma divindade, fruto da concepção meta-psíquica, que tem por denominador comum – a invocação dos mortos?

São, igualmente, galhos da mesma árvore, todos os cartomantes, todos os quiromantes etc.

Um dos esteios base do Espiritismo, desde o princípio, foi a prática evocativa do invisível, sob vários ritos ou formas. Portanto, verdadeiro Espiritismo e falso Espiritismo não existem! Qualquer que seja a forma empregada na manipulação da droga, o veneno destilado é um só, pois existe uma íntima relação do Espiritismo, tanto nas causas, como nos efeitos, com a nigromancia e a magia. Senão vejamos:

Em reflexões já publicadas ficou demonstrado que as almas dos mortos nada têm a ver, nem são responsáveis direta ou indiretamente, pela fenomenologia espírita, nem com as supostas mensagens do além, nem com sessões. Se os fenômenos produzidos não são daqueles cuja origem se deve ao cérebro enfermo do seu agente provocador: se não são produto de fraudes, de trapaças, de tapeações dos sabichões, – tais fenômenos devem ter uma causa ainda desconhecida, ou em última análise, pode-se atribuir ao dedo invisível de um espírito mau, nunca, porém às almas!

Daí, a diferença: – A ligação do homem com as almas do outro mundo, antes do Espiritismo moderno, chamava-se necromancia: ao passo que, com os espíritos, sempre se chamou de magia. Heródoto (cerca de 500 anos antes de Cristo), Sócrates, Platão, Aristóteles e outros, falam de comunicação com as almas (*Los fenômenos misteriosos del psiquismo*, POODT). Entre os romanos, Horácio fala em evocações das almas (*Sátiras* – Horácio – 1, 8, 25). A Bíblia menciona, várias vezes, a necromancia, proibindo o seu uso. Tertuliano, no século II, faz uma descrição exata das cenas de magia, de tal forma, que lembram o Espiritismo atual, do transe (hipnotismo) ou sono provocado, da intervenção do demônio, das adivinhações com o emprego de mesas falantes etc. (*Apologeticum*, XIII).

No século XVIII, os maus espíritos encarnavam-se e davam inspirações (*Los fenômenos misteriosos del psiquismo*, POODT).

Espiritismo branco ou preto, alto ou baixo, é uma coisa; nasceu, em parte, das especulações, que sempre houve.

Admitimos, portanto, à luz da razão, que o demônio se intromete nas sessões espíritas, kardecistas ou das "bandas", mas que é essa intervenção de modo invisível, permanente, de todos os instantes. Intromissão visível, esporádica, raras vezes! Rara, mas existe! Mas não em sessões!

Até mesmo os mestres espíritas hodiernos acham semelhança entre ser feiticeiro e ser médium. Assim, pensa o Sr. Carlos Imbassahy: Os chineses conhecem a divisão de espíritos, em superiores e inferiores e não lhes é estranha a noção do períspirito. Os seus feiticeiros equivalem – como em toda a parte – aos nossos médiuns (*O Espiritismo à luz dos fatos*).

Nada, pois, de distinção – que não existe! O que de real há na magia (baixo espiritismo) tem por autor o mesmo autor do que há no Espiritismo kardecista (sem farofa, sem cachaça, sem charuto)!

Qualquer que seja, por conseguinte, a forma evocativa utilizada: seja no Centro Espírita Kardecista ou na Tenda de Umbanda, os espíritos evocados baixam tanto nos "aparelhos desenvolvidos" como nos "cavalos de macumba", como, ainda, nos "vasos" do Centro Redentor. Exemplifiquemos: – Umas calças de brim ordinário não se transformam em calças de casimira inglesa só pelo fato de estarem sendo vestidas por um deputado; da mesma forma que a finíssima seda ou crepe não se transformam em grosseiro chitão, só porque vestem uma cabrocha dos morros! Espiritismo, praticado em Irajá, na Tenda Quebra Pedra não difere, de modo algum, daquele que, em Copacabana é praticado no Centro Caridade e Amor!

Devemos lembrar que Deus proíbe que tomemos parte em tais banquetes, cujas vítimas são imoladas aos demônios (Bíblia – Lev. C. 17).

E podemos, mais uma vez, bater palmas ao corifeu espírita, Sr. Luiz de Matos, presidente do Centro Espírita Redentor, que nos dá este extraordinário e oportuno aviso: – Da frequência de tais sessões resultam suicídios, assassinatos, desonras de donzelas, prevaricação de senhoras casadas, aos milhares (*Cartas oportunas*. Edição do Centro Espírita Redentor, 1924).

O BAIXO ESPIRITISMO

A Cruz (RJ), n. 1943, 6 de junho de 1954

Oitenta por cento dos loucos que lotam os manicômios e se espalham pelas ruas desta cidade perderam o juízo nas tendas do baixo espiritismo. São estatísticas oficiais que, na eloquência fria dos números, fazem esta revelação. Só isto justificaria uma medida drástica do Governo. É preciso acabar com este mal que se multiplica em todos os bairros, acalentando a ignorância e espalhando a miséria.

A macumba não pode ser levada a sério ou tida como religião. Ela consiste em práticas selvagens sem nenhum sentido.

Ali se misturam imagens de santos com budas e elefantes. Fala-se em Deus e pratica-se a mais torpe feitiçaria.

Os hinos religiosos são canções populares de pés quebrados que nada significam. Veja-se uma para exemplo:

"Segura a saia, que a maneira está de banda".

Versos idiotas como estes são cantados horas e horas, entremeados de cachimbadas, guinchos e pulos de assistentes, em um ambiente de super excitação nervosa.

Os pais de santo e outros espertalhões de gravata aproveitam-se das coitadas e tomam o dinheiro dos trouxas que ali vão.

Acabada a função ninguém viu coisa alguma, mas, sai crente que conversou com Pai Antônio ou com Negro Velho de Angola. O tempo se encarrega de fabricar os loucos que imbecis já são quantos procuram as tendas espíritas.

Se faltassem argumentos de ordem moral e social (é uma vergonha para o nosso país este africanismo idiota), só a saúde pública justificaria o fecharia do chamado baixo espiritismo.

NA MACUMBA

A Cruz (RJ), n. 1957, 12 de setembro de 1954

Em uma tenda espírita, intimados, "compareceram", na semana passada, três ex-presidentes: Getúlio Vargas, Rodrigues Alves e Campos. O primeiro era recém-chegado no espaço; os dois últimos, porém, já morreram, há muito tempo.

De acordo com os ensinamentos de Kardec, o espírito de um sujeito, que morreu, se encarna em outro. Convenhamos que o Sr. Getúlio Vargas não tenha ainda encontrado um corpo vazio cá por baixo, mas os dois outros?

Estes espíritas, no afã de fazer sensacionalismo, esquecem a própria doutrina!

Como os outros, o Sr. Getúlio Vargas também não desceu, como não reencarnará nunca.

Está escrito – dizia São Paulo – que o homem há de morrer uma só vez.

Sempre que morre uma alta personalidade, valem-se os espíritas do ensejo para uma propagandazinha. Chegam a impressionar ingênuos, mas, perante os avisados caem no ridículo.

Logo depois da última guerra, entenderam de chamar Adolf Hitler.

Chegou o Führer, falando português, pois, se manifestou em um rotundo açougueiro luso. Esquecido de que no momento, não era o Sr. Manuel, mas, apenas o "cavalo" do chefe da grande Alemanha, o português berrou:

"Heil Hitler!... Ou Heil eu mesmo!"

Causou hilariedade a apresentação do manifestado. Os ignorantes "crentes" fizeram que "comiam a bola". No dia seguinte saia publicada no jornal *Diretrizes* uma gozada e sensacional reportagem.

Como a de Hitler, são as manifestações da semana passada, dos três extintos presidentes. Tudo irreverência, caso de polícia.

EXU ABRIU O TERREIRO PARA A FESTA DE OGUM

Ariosto Pinto

Ultima Hora, n. 919, 14 de junho de 1954

Não havia atabaques, nem agogô. A cadência era marcada apenas pelas vozes dos médiuns que lotavam o amplo terreiro da Tenda Fé Pela Razão, lá em Vaz Lobo. Mas mesmo de longe a gente ouvia os filhos e filhas de santo cantando:

Chegou, chegou
Com Deus chegou
Chegou o Caboclo das Sete Encruzilhadas

Era a grande autoridade que se apresentava para a festa de Santo Antônio. Dentro de minutos, todo mundo estaria sob a sua proteção. E enquanto palmas estrugiam nos quatro cantos do terreiro, o pessoal prosseguia cantando:

Chegou, chegou
Com Deus chegou
Chegou o Caboclo das Sete Encruzilhadas

O dia de Ogum

Dia de Ogum. Ontem, em muitos terreiros, foi comemorado a data da grande Orixá. Não foi propriamente o Santo Antônio, esse nosso santo da Igreja Católica. Porque Ogum, segundo a lenda africana, existiu há milhões e milhões de anos, lá no Reino dos Encantados. Foi Deus de Oyó. Um dos grandes daquele mundo imaginário. Acresce, todavia, que os cultores das seitas afro-brasileiras encontram certas identidades entre o Orixá e o Santo português. E não há quem, na Umbanda ou no Candomblé, deixe de fazer as comparações e admitir realmente que um é encarnação de outro.

O Orixá

Vamos às duas personalidades, em síntese, seguindo tanto a lenda quanto a história. Dizem os estudiosos da lenda que Ogum era irmão de Exu. Filhos, ambos de Yemanjá. O pai era comum a todos os Orixás: Oxalá, o maior, depois de Obatalá. Muito amigo do seu irmão Exu, que teria sido um transviado, Ogum atendia aos seus pedidos e principalmente quando se tratavam de casos sentimentais. Pois Exu sempre foi um intermediário entre os homens e as entidades e tinha, ainda, especial preferência por Ogum. Daí, quando, nos terreiros há problemas sentimentais, não há outro Orixá a ser implorado para agir. Procura-se Ogum. Antes, porém, é necessária uma audiência com Exu, que não se recusa despachar com o seu poderoso irmão.

A história

A história nos diz que Santo Antônio nasceu em Lisboa, no ano de 1195. Faleceu a 13 de junho de 1231, sendo canonizado um ano após a morte. No Brasil tem honras militares. Assentou praça no nosso Exército, na arma de Infantaria. Em 1711 era promovido a capitão. E Dom João VI, em 1814, deu-lhe o posto de tenente-coronel.

Voltemos à macumba

Voltemos, agora, a macumba, aliás, executada em grande estilo pela Tenda. Depois do ponto de Sete Encruzilhadas, os médiuns continuaram cantando:

Santo Antônio é de pemba
Caminhou sete anos
A procura de um anjo
E não encontrou
Aí, como caminhou
Meu Santo Antônio
Aí como caminhou

A defumação

Vem a defumação. Todos recebem os fluidos daquela fumaça agradável e cheirosa. Depois, ficarão com o corpo descarregado e a alma livre. Uma defumação, seguida de passes, garantem os umbandistas constituir um verdadeiro banho de felicidade. Mas essa defumação precisa ser acompanhada pelos pontos:

Da licença Pai Ogum
Os filhos querem se defumar
Umbanda tem fundamento
É preciso preparar
Com incenso e benjoim
Alecrim e alfazema
Defumar filhos de fé
Com as ervas da Jurema

Exu abre a porta

Nas festas espíritas, Exu recebe as suas homenagens especiais. De fato, mesmo antes do inicio de uma sessão ele terá que ser reverenciado. Depois, tudo correrá bem, e não haverá desentendimentos. E é por isso mesmo que os médiuns cantam para o senhor dos sete reinos:

Mironguê
Mironguê
Exu abre a porta
E fecha o terreiro

Ogum é de aço

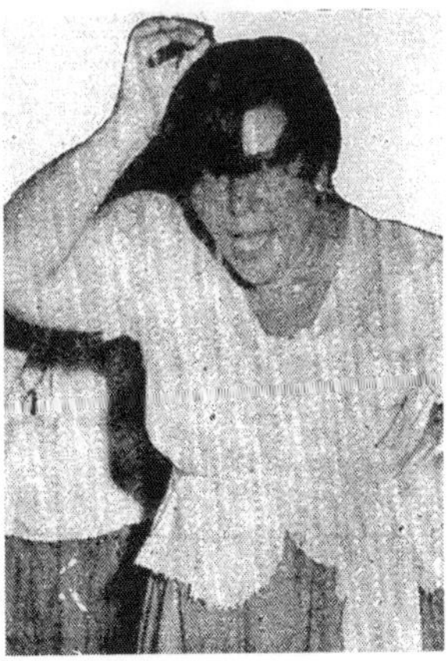

Figura 19: Médium incorporada com caboclo na Tenda Fé Pela Razão. Foto de José Batista. *Ultima Hora*, n. 919, 14 de junho de 1954.

Seguem-se os pontos. Há médiuns caindo no terreiro. Estão sob os efeitos das entidades. Incorporados não lhes restam outro caminho: tem que dançar, à moda dos caboclos, como se não fossem seres humanos, em vida, mas, sim, já desencarnados. Há dezenas de pessoas manifestadas. O terreiro, agora, nada mais é do que um Reino dos Encantados. Há respeito absoluto. Todos prestam atenção aos movimentos dos caboclos e dos Orixás. Há cânticos de saudação. De vez em quando, alguém sente arrepios. Vem o chefe do terreiro e prepara o "cavalo" para a incorporação. E os filhos e filhas de santo entoam para Ogum:

Auê
Dizem que Ogum é de aço
Auê
Dizem que Ogum é de aço
Ele diz que é Tata Cangira
É Cangira de Tata Mironga
Se meu Pai é Ogum
Minha Mãe é Oxum

E continuam cantando, já agora em outro ritmo, caminhando para o fim da festa, para maior alegria do poderoso Orixá:

Ogum é todo malé
Maleriô
Com sua espada, meu pai
Eu quero ver Ogum Yara
Ogum Megê

Homenagem a *Ultima Hora*

Ultima Hora foi homenageada na Tenda. Isto, antes de começar a sessão. O seu presidente, Sr. Othon Freire Aguiar, disse que ali estava presente o seu jornal. Pediu uma salva de palmas para esta folha. Depois disse que, em face de nossa orientação, abriria uma exceção para que o nosso fotógrafo trabalhasse livremente, pois estava certo de que um jornal popular não iria criticar a festa, mas sim, mostrar aos seus leitores como transcorreu a homenagem a Santo Antônio. E a reportagem movimentou-se a vontade. E em companhia do Sr. Orlando Freire de Aguiar, chefe do terreiro, percorreu as suas dependências, visitando inclusive, o admirável serviço social, em que se incluem várias clínicas, inclusive radiológica e dentaria. Tudo isto gratuitamente para os pobres.

O PLANO SINISTRO DAS MACUMBAS

A Cruz (RJ), n. 1973, 21 de janeiro de 1955

Em contraste com o modesto espetáculo de fé, a primeira missa na Praça do Congresso, uma legião de idólatras, em diversos pontos da cidade, rendia culto a uma imaginária Mãe d'Água. Repetia-se parcialmente a história. Moisés cercado de eleitos conferenciava com Deus, enquanto lá em baixo uma gente infiel, presumida ignorante mas que se diz culta, entregava-se à repugnante feitiçaria.

O contraste era desconcertante aos olhos de quem nos visita ou de qualquer pessoa esclarecida.

Nas praias, de Copacabana a Sepetiba, senhoras e moças que se julgam grã-finas, atiravam ao mar flores e perfumes; feiticeiros aos grunhidos e trejeitos, com palavras do inteligível, degradavam a nossa cidade com uma ritualística selvagem. Que pode pensar de nós o estrangeiro que nos visita, vendo parte do povo a render culto à Mãe d'Água como se água tivesse mãe? Isto não é só ridículo, é imoral, um caso de polícia!

Donde vem esta fé Yemanjá? Qual o motivo do surto fantástico e impressionando a nossa gente desprevenida?

Há por detrás de tudo isto um plano criminoso de interessados em degradar os nossos costumes. Os indícios são evidentes, gritantes. No mês passado a revista americana *Life* publicava uma fotografia horronda, tirada em uma macumba do Rio de Janeiro; a Câmara do Distrito Federal inclui no seu orçamento uma verba fantástica para subvencionar terreiros e tendas; lança-se toda uma literatura para provar a predominância africana na nossa formação.

Quem quiser aprofundar-se no exame da feitiçaria que vai empolgando, descobrirá o judeu manobrando com tudo.

Os frutos da idolatria que o governo permite ou, por um dos seus poderes subvenciona, vêm publicados quase que diariamente nos jornais. Ainda na se semana passada um fanático assassinou um amigo que zombara de sua amasia em transe.

Não faz muito, um sargento do Exército assassinou pai de santo que, se dizendo possuído do espírito do caboclo mamador, tentara desrespeitar a sua esposa. Nessa hora o espírito fugiu do seu cavalo e todo o terreiro debandou. Como estes vão surgindo outros casos mais tremendos e vai se enchendo o hospício.

Não se pode defender em nome da liberdade religiosa tanta iniquidade. A imoralidade campeia; há negros macumbeiros que fazem do seu terreiro verdadeiro harém. Basta interessar-se por uma moça ou senhora, o espírito que diz encarnar, faz por ele a corte infalível. A polícia faz vista grossa, e os espertalhões de Umbanda praticam a poligamia.

É esta coisa muito baixa que vai ganhando as camadas altas que, na passagem do ano, sai para as praias a fim de adorar uma inexistente Yemanjá.

EXU ANDA SOLTO

A Cruz (RJ), n. 1989, 24 de abril de 1955

Permite-se, neste país, em nome da liberdade religiosa, a prática estúpida do fetichismo. Não se permite apenas, fomenta-se, subvenciona-se. É uma vergonha o culto a Yemanjá, na passagem de cada ano. Estrangeiros, que nos visitam, saem horrorizados com o que presenciam nas praias. Não há ponta de rua, nesta cidade, que não tenha uma tenda espírita ou terreiro de macumba. A Câmara dos Vereadores distribui milhões para incrementar a bruxaria. Por trás dos bastidores a judiaria avassaladora manobra os pais de santo e projeta na imprensa os acontecimentos de terreiros.

Exu anda solto! Cresce com a expansão de Umbanda a onda de crimes. Chega ao interior a prática da feitiçaria. Agora, na localidade mineira de Malacacheta, um grupo de fanáticos trucidou e incinerou várias crianças. A polícia vai encontrar no antro desses fanáticos, entre outras coisas, revistas em português publicadas na América do Norte. Tais publicações de certo são editadas pelos judeus, os mesmos que enriquecem e ajudaram a enriquecer ilicitamente Jayme Madruga, que se prestava para fazer-lhe o jogo infame de imbecilizar a nossa gente simples, promovendo o culto de satanás.

Até quando se consentirá que a macumba destrua a nossa gente? Será que tantos crimes e tanta desmoralização que aberram dos nossos foros de povo civilizado, não impressionem e animem o Governo a tomar uma providência séria? Será que Exu continue solto e tome conta deste país que já está parecendo mesmo uma terra de selvagens?

O DESPACHO E A POLÍCIA

Padre Adalberto de Paula Nunes

A Cruz (RJ), n. 2009, 11 de setembro de 1955

Quem já morou no Rio por algum tempo, principalmente na sua zona suburbana, deve ter notado a presença frequente, nas encruzilhadas de estradas e ruas, nos adros das igrejas e diante de residências, dos chamados despachos espíritas: uma galinha preparada com farinha e muito bem arrumada em um prato; tigelas contendo comidas esquisitas e estranhas, uma caixa de charutos, acompanhada de outros objetos; e muitas outras formas de despachos fetichistas e de origem africana.

Tudo isto vem depor contra o nosso grau de cultura e de civilização, principalmente quando se sabe e já é do conhecimento geral que a Capital da República está sendo transformada, ultimamente, no centro e na capital da macumba nacional. E de lá se irradia por toda a parte.

Aqui em São Paulo, a macumba está também tomando forma e corpo. Cada vez ela se acentua nos meios mais incultos e quando toma conta de centros mais elegantes e chiques, como acontece no Rio de Janeiro, sua prática é até mesmo apresentada ao estrangeiro como sendo uma curiosidade nacional, um produto nosso, alguma coisa que poderia estar a serviço de propaganda do Brasil no estrangeiro.

E esta forma de propaganda do Brasil está tomando de tal formada sentido que não é para admirar que o Brasil seja conhecido, lá fora, como sendo a terra da macumba, com todas as suas inconveniências, com todo o seu primitivismo e com todas as suas características africanas.

Triste propaganda, quando temos tantas coisas belas e tantas instituições bem nossas que bem poderiam servir de propagando do Brasil nos países, onde somos tão desconhecidos e tão mal informados!

No entanto, a macumba não passa de um caso de polícia.

De vez em quando, as notas policiais dos jornais nos apresentam macumbeiros e "despachantes" em volta com a polícia.

Os jornais de dias atrás trouxeram a seguinte nota: "o despacho do macumbeiro feriu quatro menores". E seguia a descrição do triste acontecimento.

O macumbeiro de São Paulo, nos seus despachos, se utilizava de cocos. Enchia-os de pólvora e os atirava na Estrada do Cabuçú, onde reside. Evidentemente, estes despachos tinham a sua finalidade. O macumbeiro recebera alguma gorjeta para fazer o trabalho em favor de alguém para prejudicar algum desafeto.

E as vítimas foram quatro menores, de sete a onze anos de idade, que vendo o coco atirado na estada viram nisto ótima ocasião para se distraírem e brincarem. Com a explosão de um dos cocos, quatro crianças receberam ferimentos, sendo internadas no Hospital das Clínicas.

A macumba, que não passa de abjeta feitiçaria, não deixa de ser um caso de polícia. Maus brasileiros, porém, querem transformá-la em uma instituição brasileira, digna de ser vista, admirada e propagada.

A INDÚSTRIA DA MACUMBA

A Cruz (RJ), n. 2027, 15 de janeiro de 1956

Há vinte anos, mais ou menos, iniciou-se no Brasil, uma grande indústria. A indústria da macumba! Literatos e pretensos sociólogos foram convocados para exaltar o papel do negro na nossa formação. Apareceram depois os movimentos de homens de cor, as escolas de arte e os teatros experimentais. Por estes veículos o que se procurou propagar foi a macumba, com a suas danças e rituais macabros. A imprensa encarregou-se do resto. Hoje, a indústria da macumba é o fato. Tão poderosa que é capaz de trazer do estrangeiro, jornalistas, astros e estrelas de cinema para assistirem aos espetáculos chocantes de terreiros. O Governo, por meio de seus órgãos legislativos, onde pontificam elementos inescrupulosos, subvenciona a macumba.

A matéria prima que se usa na nova indústria é a vaidade de pobres pretos sem formação. A propaganda intensa convence a chamada gente boa, que solta dinheiro.

Onde estão os industriais? Estão ocultos, dirigindo, burras abertas para receber o ouro. Ninguém ousa desmascará-los. Só por acaso ou por razões muito diversas desmoraliza-se um testa de ferro, da marca de Jayme Madruga.

Só os tolos não entendem o sentido bolchevizante do desenvolvimento das macumbas e não percebem quais são os apátridas interessados em indústria tão rendosa, que leva este país à ruina.

O VERDADEIRO CULTO A SÃO JORGE

Cardeal Dom Jaime de Barros Câmara

A Cruz (RJ), n. 2045, 20 de maio de 1956

Diletos ouvintes da Rádio Vera Cruz.

Não faltam em nossa imprensa os comentários sobre a festa de São Jorge, de quem a população é tão devota. Vespertinos e matutinos cariocas focalizaram vários aspectos da veneração que o santo vem merecendo, como Príncipe e herói, a cuja intercessão ruíram os ídolos. Outros o apresentam como Padroeiro do Exército Nacional e da Inglaterra, patrono dos escoteiros e de muitas entidades. Todos se referem às enormes filas de seus devotos, que com toda a paciência e na melhor e mais espontânea ordem, aguardavam sua vez de entrar na igreja, rezar suas orações e beijar a imagem do santo. Tudo isso é muito louvável.

Quanto a ser patrono dos escoteiros, São Jorge o é oficialmente. Tanto melhor se houver documento pontifício que o declare também padroeiro de nosso Exército. E se não for por decreto, certo há de continuar a ser por devoção.

Que o povo se impressione com a representação da atitude guerreira como o santo costuma ser apresentado em sua imagem, nada há de repreensível, desde que se lhe de o valor relativo de representação de um santo, o que vale dizer amigo de Deus, herói cristão, participante da eterna glória de Cristo, por quem pelejou em sua vida mortal. Tudo isso é preciso ser lembrado e repetido, não tanto com vistas aos católicos que já o sabem de cor e salteado, mas, pelas constantes admirações que em campos adversos produz a veneração dos santos que é muito diferente da adoração a Deus. Por isso mesmo, tanto mais deplorável é a confusão que outros pretendem fazer, misturando cultos exóticos e absolutamente infundados com a popularidade de um autêntico santo da Igreja Católica.

Clarins de alvorada, girandolas de foguetes, repiques de sinos, madrugada festiva e alegre por motivos de tradições cristãs que atravessam os séculos, arrostando ideologias e materialismos, são demonstrações espontâneas e significativas de que nosso bom povo ainda tem fé e ardor religioso.

Nem são outros os intuitos da Igreja, cultuando os que imitaram a Cristo por suas virtudes heroicas, senão os darem a nós por modelos e protetores em necessidades da lama e do corpo, motivos bem suficientes para que os fiéis estimem os santos, venerem suas imagens, os invoquem em momentos difíceis e lhes agradeçam os benefícios alcançados. Se aos que orientados por tão justas razões, acresce a massa dos curiosos, ainda assim, que haverá de reprovável, desde que procedam com ordem e respeito?

Relativamente a São Jorge há quem o declare preferido dos humildes e dos "desamparados da sorte", pelo que conquistou grande culto em todo o mundo católico e, no Rio de Janeiro, ao lado de São Sebastião, padroeiro da cidade, tornou-se o santo mais popular.

Matutino houve que, em síntese feliz, reproduziu a biografia do santo, o que facilita indubitavelmente a aceitação de seu culto nos ambientes refletidos e severos.

Digna de menção é, sem dúvida, a descrição pormenorizada e agradável das procissões de São Jorge, no tempo do Brasil Império, solenizadas pelo aspecto militar, oficial, grandioso. Só poderíamos alegrar-nos com tal relevo dado ao assunto por nossa imprensa, não houvesse aparecido tanta confusão nos conceitos sobre este santo pertencente ao Catolicismo, exclusivamente, mas, por ignorância de certos elementos, misturado com o Ogum das macumbas.

Figura 20: São Jorge. *https://www.independent.co.uk*.

Figura 21: Ogum. *https://www.pinterest.co.uk*.

Como se poderá, por exemplo, justificar a afirmativa de que São Jorge seja padroeiro de todos os terreiros da Umbanda?

Outros confundem santos e deuses, tudo enfiado na mesma cambulhada, e assim declaram o nosso São Jorge, mártir cristão e divindade africana, "deus da guerra" de nações negras.

Ora, francamente, que conceito de divindade possui quem tal escreve? Começa por erro histórico. Se os cultos africanos antecederam o cristianismo, como pode ter sido São Jorge divindade africana? Aqui no Brasil é que, pela ignorância religiosa, fizeram essa confusão.

Se os umbandistas escolheram o dia 23 de abril para festejar Ogum, enquanto os católicos celebram São Jorge, não se lhes pode impedir. Da mesma forma, a 31 de julho, quando comemoramos Santo Inácio de Loyola, os luteranos homenageiam seu Martinho Lutero. Nunca, porém, se lembraram de confundir o fundador com o frade protestante. Portanto, não venha o Espiritismo confundir São Jorge com Ogum, a menos que tal divindade seja a que está subjugada sob as patas do cavalo de São Jorge e atacado com a lança do mesmo santo.

Preferíamos não ter que dizer isso. E podemos garantir que estamos longe de ofender ou gracejar, pois o assunto é bastante sério.

Ninguém ignora que o dragão fisgado pela férrea lança de São Jorge é o demônio. *Omnes dii gentium daemonia.*[25] Se há, pois, alguma divindade pagã representado na imagem de São Jorge, só poderá ser a besta do apocalipse, o demônio ali prostrado. E não se duvida dessas palavras da Santa Escritura, pois aqui mesmo, no Rio de Janeiro há dois anos, em exorcismo por nós autorizado, o demônio declarou que era adorado nas macumbas. E não é esta a única prova. Sabemos o que estamos afirmando. Eis porque sobremodo nos dói ver tantos iludidos em assunto de tal gravidade: adoram e servem ao demônio, quando a ele próprio Cristo disse: "Está escrito: adorarás o Senhor teu Deus e só a Ele servirás" (Lc. 4. 8).

CARTA ABERTA AO SR. JOSÉ ALVARES PESSOA

Em resposta a que saiu publicada na seção "A Pedidos" do Jornal do Comércio[26]

A Cruz (RJ), n. 2084, 17 de fevereiro de 1957

Quero deixar bem claro, de início, que não tenho procuração de Sua Eminência o Sr. Cardeal Arcebispo do Rio de Janeiro, Dom Jaime de Barros Câmara, para defendê-lo, nem tão pouco venho propriamente fazer-lhe a defesa porque não necessita Sua Eminência defender-se de tolices tão grandes como as acusações e advertências de um Chefe de Tenda Espírita que, se não ignorante em matéria de religião, está agindo de má fé.

O Sr. José Alvares Pessoa cuja nota de *O Semanário* garante ser um homem de bem a toda prova, conhecidíssimo no Rio de Janeiro por seu espírito caritativo e humanitário e

[25] Todos os deuses, demônios.

[26] Várias matérias e cartas foram publicadas, de ambas as partes, no *Jornal do Comércio* e O *Semanário*, sobre o tema em questão. No volume 5 da obra *História da Umbanda no Brasil*, Editora do Conhecimento, foi publicada a matéria *Cardeal declarou guerra à Yemanjá* e também uma carta aberta dirigida ao Cardeal Dom Jaime Câmara, por parte do Sr. José Alvares Pessoa.

também por sua ilustração dividiu sua carta aberta em três tópicos: 1°) Protesto contra o que diz ele ser clamorosa injustiça às nossas autoridades; 2°) Protesto contra as falsidades nas informações do culto; 3°) Uma advertência.

Quanto ao primeiro tópico desnecessário será qualquer esclarecimento, pois nossas autoridades sabem muito bem que ninguém as prestigia melhor do que a Igreja e não deram nem darão ouvidos à tentativa do Sr. José Alvares Pessoa de incompatibilizá-las com o Sr. Cardeal Arcebispo. Perdeu seu tempo o digno Presidente da Tenda Espírita São Jerônimo.

Quanto ao segundo tópico há de convir o "caritativo e humanitário" missivista que as informações não foram tão falsas assim, pois a presença de menores não é negada. Apenas se desculpa o umbandista dizendo que, se crianças havia no tal culto, aos pais deve incriminar porque as levaram por própria conta e risco. Também não nega o uso de bebidas alcoólicas, dizendo que não se bebe cachaça, mas que a champanhe é derramada em homenagem à divindade marinha.

Quanto ao fato dos charutos o Sr. José Alvares Pessoa que as informações de quem assistiu, fazem rir. O que faz rir são as seguintes palavras de umbandista: "Nenhum médium em Umbanda, e entre eles não há menores de 18 anos, fuma antes de cair em transe. Só quando se está em transe é que se fuma em Umbanda. Cardeal Câmara, é um fenômeno admirável – homens e mulheres, que no seu natural tem horror ao fumo, em transe fumam vários charutos sem que por ele sejam afetados".

De fato, é um verdadeiro milagre de Yemanjá! E dispensa qualquer comentário. Por esta e outras práticas do Espiritismo, do macumbismo e outras religiões exóticas, é que se acham lotadíssimos os hospícios e as casas de descanso para doentes mentais.

Vamos ao terceiro tópico. Como sempre são aqueles mesmos argumentos acirrados inimigos da Igreja que o Sr. José Alvares Pessoa usa em sua advertência. Mas também com poucas palavras podem-se desmascarar as mentiras, as vergonhosas mentiras do "homem de bem a toda prova" Prestará um grande serviço à Igreja o Sr. José Alvares Pessoa se disser em que a Igreja ou qual o sacerdote que por não lhe terem pagado os sacramentos o menino morreu pagão, a mocinha se amasiou e a alma do defunto foi para o inferno. Diga-nos, por favor, caríssimo Chefe da Tenda Espírita São Jerônimo. Não deve ser difícil descobrir isso, uma vez que isso é uma prática diária da Igreja.

Diz ainda o honrado Sr. José Alvares Pessoa: "não é nenhuma novidade que os senhores da Igreja de Roma perdem terreno, dia a dia". Está muito enganado o distinto informante. Para nós é uma grande novidade. É uma revelação estarrecedora! Urge providenciar para evitar-se a falência de 20 séculos de lutas e vitórias, de perseguições, martírios e glórias, pois vaticinou o nosso estimado umbandista que a Igreja Católica "fatalmente soçobrará". Pobre de Nosso Senhor Jesus Cristo quando pensou que a Igreja dele ficaria até a consumação dos séculos e que jamais as portas do inferno haveriam de prevalecer contra ela! Paciência, pois o ilustre Sr. José Alvares Pessoa, como afirma nota de *O Semanário* é pessoa de "muita ilustração". O tempo dirá quem está com a razão: se o Sr. José, Chefe da Tenda Espírita São Jerônimo ou se Nosso Senhor Jesus Cristo, o fundador da Igreja Católica Apostólica Romana. Aguardemos.

Mas, no final das contas, temos a agradecer ao Sr. José Alvares Pessoa que nos possibilitou ver e sentir como anda este nosso Brasil em matéria de honestidade e boa fé. Cartas abertas como esta têm o valor de situar as coisas em seus devidos lugares e mostrar como são os homens. Muito obrigado, portanto, Sr. José Alvares Pessoa, DD. Presidente da Tenda Espírita São Jerônimo. Gratos.

Como não acredito em Yemanjá (e estou certo de que o Sr. também não) prefiro pedir ao único Deus que o ilumine e o faça sempre "caritativo e humanitário". E que em seu coração de bom brasileiro, ao invés de Yemanjá, a deusa da Energia Eterna, passe a reinar Nossa Senhora da Conceição Aparecida, Padroeira e Rainha do Brasil.

Seu amigo,

Antônio Maia
Secretário da Confederação Nacional
das Congregações Marianas do Brasil

MACUMBA NA ALEMANHA

Dom Paulo Gordan

A Ordem, n. 6, junho de 1957

São várias as razões para explicar o irracional. Assim motiva-se o aumento avassalador da macumba brasileira em todas as suas formas pelo elemento mal assimilado, pela falta de cultura elementar das classes baixas, pela ausência da Igreja em certas camadas da população humilde, ou, em outras palavras pelo reduzido número de sacerdotes.

A macumba, porém não é apenas um fenômeno de deficiência, mas uma realidade subjacente que irrompe violenta através de qualquer brecha aberta na contextura moral de qualquer povo, recebendo, isto sim, em cada ambiente matizes distintos, que no caso do Brasil são de fato preponderantemente africanos. Mas que o substrato de uma pseudoreligiosidade degenerada em superstição grosseira se encontre também em outros povos e em condições culturais bem diversas das do Brasil, podemos mostrá-lo pelos estranhos fatos registrados ultimamente na Alemanha.

Quem acreditaria que nesse país existisse não somente a superstição, já quase consagrada pela moda de uma sociedade superficial e descristianizada, como a crença em horóscopos, talismãs e amuletos mais ou menos decorativos, mas até mesmo o mais autêntico fanatismo conhecido pelos séculos da Idade Média e nas mesmas formas de então: a bruxaria com todas as suas variantes?

No entanto, os fatos aí estão. Há pouco um tribunal alemão condenou por impostura e outros crimes os editores de livros apócrifos de Moisés, na verdade uma coleção de receitas mágicas e fórmulas teúrgicas para os mais diversos fins. Desta ocasião aproveitou-se a *Herder-Korrespondez*,[27] um dos mais representativos órgãos do catolicismo alemão, para apresentar aos seus leitores estupefatos uma síntese pormenorizada de tão estranho e horripilante assunto. Na base de documentos e publicações de um especialista na matéria, o Sr. Johannes Krause, que dedicou imensos à elucidação des-

[27] Número de março de 1957, páginas 282-299.

ses fenômenos, vê-se nitidamente a importância e o alcance do problema geralmente silenciado pela imprensa, ocultado pelos médicos e em 99% de casos, consciente ou inconscientemente, ignorado pela polícia.

Parece que a crença nos feiticeiros e bruxas aumentou consideravelmente nos últimos decênios, tanto que até alguns jornais estrangeiros noticiaram recentemente que *germans still fear witches* (os alemães ainda tem medo das bruxas), acrescentando que debaixo do verniz de uma atitude friamente materialista fermenta uma superstição milenar, capaz de excitar certas pessoas até o crime ou a loucura. Segundo as investigações as crenças nas bruxas e nos exorcistas habilitados a romper os encantos malignos dos feiticeiros encontram-se em toda parte, e mesmo na classe média ou superior. Certas regiões industrializadas parecem menos afetados; mas em outras partes do país pesquisas demoscópicas[28] revelam que 65 a 95% da população estão convencidos da existência real de bruxas.

O mal é, pois endêmico e por isso mesmo difícil de diagnosticar. Suas manifestações variam muito. Na maioria dos casos aparece claramente um atavismo bem conhecido entre os povos primitivos: – a explicação de doença física ou mental, má sorte em negócios ou outros assuntos pessoais, principalmente amorosos, pela intervenção de uma bruxa inimiga ou a serviço de inimigos. Aqui entra em ação o exorcismo que sabe como resistir a tal feitiço ou anulá-lo. É o campo propício para toda a espécie de curandeiros que se servem, para as suas curas, de receitas já conhecidas pelos livros mágicos da mais remota antiguidade e que nada perderam de seu mau cheiro no curso do tempo: urina, fezes e bichos nojentos... É também a ocasião para a mais vergonhosa exploração dos crédulos. Muitas vezes ensinam tais receitas métodos estranhos de vingar-se da bruxa: maltratar, por exemplo, um animal, para assim transferir magicamente os sofrimentos do bicho à pessoa. Outras vezes prescrevem-se manipulações terrivelmente anti-higiênicas como o leite em caso de doença das vacas, ou promete-se a cura de furunculose pela recomen-

[28] Desmoscopia: estudo das opiniões e comportamentos humanos mediante sondagens de opinião.

dação de dar aos mendigos um pedaço de pão besuntado com a matéria infecciosa. Chegaram ao conhecimento dos tribunais vários casos de morte em consequência de tratamento mágico de crianças e adultos.

A suposta presença de bruxas em toda parte explica e provoca grande número de exorcistas que oferecem seus serviços contra a magia de feiticeiros. Calcula-se o seu número na casa dos 10.000! Dispõem eles de uma organização muito perfeita, com um serviço de informação a respeito de pessoas supersticiosas e de pessoas suspeitas de praticarem atos de bruxaria. Estas últimas principalmente são as mais lamentáveis vítimas da superstição. Sem meios de defesa, carregam o enorme peso da má forma, vivendo como que excomungadas da sociedade, à margem da própria família, e terminando não raras vezes no suicídio ou na loucura. A sua tragédia é o escuro fundo de que se destaca a vida opulenta dos tais exorcistas, que estão mesmo associados a certas farmácias ou drogarias especializadas na venda de receita de um Dr. Fausto ou de outros feiticeiros outrora famosos.

Pouco tem sido até agora o que as autoridades públicas fizeram contra esta praga, e isto por vários motivos. A legislação moderna, filha do racionalismo do século das luzes, fica de fato um tanto inibida ante um fenômeno que, segundo esta filosofia, "não existe". E se a bruxaria não existe como realidade objetiva, torna-se também delicada a perseguição daqueles que espalham a suspeita de bruxaria contra pessoas inocentes. A justiça pode intervir apenas contra os curandeiros por crime de exercício ilegítimo da medicina ou, como no caso dos editores anteriormente mencionados, atentado contra a moral pública. Além disso, precisa-se ter presente que, por motivos óbvios, a maioria de caso nunca chegará ao conhecimento das autoridades; entra em jogo aqui a solidariedade daqueles que creem na bruxaria, contra as instituições oficiais e oficialmente descrentes.

Estamos, pois em presença do fenômeno de uma religiosidade pervertida que torna visível a corrupção profunda da natureza espiritual do homem em geral, mas de outro lado a sua insatisfação religiosa, o seu vazio existencial, o desejo de uma comunicação direta e palpável com poderes transcendentais. É a manifestação do fracasso de uma civilização puramente técnica e racionalista, que relega a formação religiosa e moral ao último lugar do sistema educacional, permitindo que naquele vácuo profundo se instale uma pseudomorfose da fé verdadeira: uma crença irracional, mágica e teúrgica.

No caso do povo alemão podemos talvez acrescentar ainda duas observações. Se apesar da presença e atividade notáveis da Igreja Católica e da Protestante, contém o fundo da alma popular tantos fermentos de decomposição, não será o caso de perguntar se a transmissão da doutrina e da vida cristã seguem realmente métodos apropriados para trabalhar em profundeza? Será que não está sofrendo a cura de almas do mesmo complexo de inibições averiguados nas autoridades públicas? Neste caso compreende-se que os sacerdotes e pastores nunca toquem em um assunto em cuja realidade eles mesmos não creem, – como se esta sua descrença fosse capaz de fazer desaparecer por encanto a crença tão profundamente arraigada no povo quanto ignorado pelos seus guias espirituais. E a outra reflexão que se impõe é a seguinte: não seria esta disposição supersticiosa dos alemães também responsável em parte pela loucura coletiva no tempo do nazismo, e uma das razões – sem razão – do assassinato em massa dos judeus, nos quais a fantasia popular tivesse visto elementos magicamente maléficos?

Para terminar, confessamos que foi um pouco abusivamente que demos a estas notas o título de "macumba na Alemanha" – pois aos fenômenos estudados parece faltar a característica da macumba brasileira, que é o culto. Mas nem por isso deixam de ter as duas práticas supersticiosas uma raiz comum: nos dois casos revela-se como ausente ou inoperante a substância dogmática de uma fé cristã vitalmente atualizada. O ensino da higiene, por mais que o apreciemos, não substitui a iniciação nos mistérios da Redenção. Onde esta última faltar, o povo mais "higiênico" voltará a práticas mágicas tremendamente anti-higiênicas, em busca nostálgica de um "além" qualquer. Irônica lição esta, que nos mostra que em vez de ser responsável pelo obscurantismo, como se afirmava no século das luzes, é o cristianismo a garantia única da verdadeira luz nas consciências e nas ações da humanidade.

O FRADE FEITICEIRO

Padre Adalberto de Paula Nunes

A Cruz (RJ), n. 2104, 7 de julho de 1957

Os jornais de Belo Horizonte publicam, com grande destaque, o que foi a Semana em Defesa da Fé realizada naquela capital, sobressaindo às conferências que Frei Boaventura Kloppenburg pronunciou sobre os fenômenos espíritas e meta-psíquicos, sobre os passes e as curas do Espiritismo.

Não foram apenas teóricas as conferências do "Frade Feiticeiro", quando ele discorreu sobre a Filosofia da Reencarnação ou falou do Espiritismo de Umbanda. As conferências de Frei Boaventura Kloppenburg tomam um aspecto eminentemente prático, porque elas se destinam a desfazer nos meios populares do Brasil quanto ao caráter de sobrenaturalidade dos tão chamados fenômenos espíritas.

Daí a concorrência popular às suas conferências e experiências, feitas geralmente em ginásios de esportes, como aconteceu em Ribeirão Preto, em auditórios públicos, onde Frei Boaventura Kloppenburg reproduz os fenômenos que são geralmente observados nas sessões espíritas, dando-lhes uma explicação puramente natural e tirando-lhes todo o sabor de um falso misticismo.

Diz a imprensa de Belo Horizonte que Frei Boaventura Kloppenburg fez preliminarmente uma explicação dos fenômenos, todos eles de natureza terrena e não sobrenatural, como afirmam os espíritas. Distinguiu as doenças em dois grandes campos, as doenças orgânicas e as doenças funcionais, tendo a maioria das doenças sua origem em fenômenos psíquicos, sendo feita a cura sem intervenção da medicina. Daí as curas das sessões espíritas. Discorreu ainda sobre as forças anormais, dando aos assistentes este princípio fundamental: "A primeira hipótese para explicar um acontecimento raro deve ser uma hipótese natural". Demorou nos fenômenos de sugestão afirmando que 25 a 30% da humanidade é constituída de pessoas sugestionáveis.

O mais importante, popularmente falando, foi quando ele começou a fazer demonstrações práticas sobre os passes, as curas, os fenômenos de mesa dançante e da telepatia, tendo tido, para estes últimos fenômenos, o concurso de um professor da Universidade de Minas Gerais.

Frei Boaventura Kloppenburg continua a percorrer o território nacional nesta providencial campanha de esclarecimento sobre os tais propalados fenômenos espíritas.

O QUE SERIA UM HOSPITAL DE UMBANDA?

Padre Viturino Sanson

A Cruz (RJ), n. 2205, 1 de setembro de 1958

a) – A atuação dos espíritos maus ou sofredores. Lourenço Braga, em sua obra *Umbanda e Quimbanda* assim explica uma série de doenças: Os espíritos malfazejos atuam primeiramente sobre o perispirito de qualquer criatura e em seguida sobre o sistema nervoso. Depois de provocar o descontrole desse, passam a ter maior influência sobre a vítima, sendo-lhes assim mais fácil dirigir a projeção fluídica sobre determinado órgão do corpo humano, provocando nele a moléstia que desejarem, ou então se valem de um espírito ainda sofredor, o qual eles, os malfazejos conscientes, obrigam a ficar encostado ao paciente provocando no mesmo moléstias de que era portador quando ainda em vida, na terra. A ação dos fluidos de um espírito sofredor ou trevoso sobre o organismo humano é idêntico à ação que produzem os raios solares, através de uma lente, sobre a nossa epiderme; eles, pela atuação constante, destroem os tecidos mais delicados do nosso organismo, provocando moléstias diversas. Embora sejam eles retirados de junto das vítimas, ficam esses em estado tal, que só com um tratamento médico-espiritual, prolongado, poderão recobrar a saúde.

b) – O espírito encostado. A segunda causa das doenças é o espírito sofredor que se encosta-se à pessoa e lhe transmite a doença. Ainda agora ouvimos Lourenço Braga que dizia: Os espíritos malfazejos... Valem-se ainda do espírito sofredor, o qual eles, os malfazejos conscientes, obrigam a ficar encostado ao paciente provocando no mesmo moléstias de que era portador quando em vida, na Terra.

c) – O quebranto ou mau olhado. Eis como Oliveira Magno explica essa terceira causa de doenças, explicação tipicamente umbandista: Todo o ser humano é possuidor de fluidos magnéticos que agem segundo o pensamento, sentimento, desejo e vontade de cada indivíduo. Se o homem tem bons sentimentos os seus fluidos são bons, mas se o dito homem tem maus sentimentos ou más intenções, seus fluidos são maus; assim se explica a inveja, o quebranto e o mau olhado. Se uma pessoa nos olha com bons sentimentos nos desejando saúde e felicidade, está nos fazendo bem, mas se a dita pessoas nos olha com maus sentimentos, inveja, ódio e raiva, nos desejando o mal, está nos fazendo mal, pois as chispas que esta pessoa projeta sobre nós nos atacam segundo o seu pensamento, sentimento e desejo.

d) – O castigo. Umbanda não admite a nossa redenção por Cristo. Desta maneira, cada um de nós deve pagar e expiar as próprias culpas até o último ceitil; não no purgatório que é negado, mas em reencarnações sucessivas. Segundo Umbanda, já vivemos muitas existências terrenas anteriores a esta atual, e nelas naturalmente pecamos. A doença atual pode ser castigo e expiação. É a lei do karma que funciona de maneira inexorável.

Quando os umbandistas não conseguem curar uma doença, ou porque não conhecem a causa do mal ou porque não conseguem a terapêutica, recorrem a esta explicação: causa é o castigo pelos pecados cometidos em reencarnações anteriores; e para tal caso não existe cura.

Terapêutica umbandista

O babalaô (pai de santo, batuqueiro chefe) dispõe de meios mágicos para diagnosticar o mal. E ele sempre encontra o jeito para curar:

– Se houver um espírito maléfico agindo no doente, poderá ser afastado por meio de um bom defumador. Temos diante dos olhos uma propaganda: "Super Defumador Celeste Ogum", "Super Defumador Celeste Caboclo de Umbanda" (*Revista Aruanda*), "Defumador Completo", "Defumador Zodíaco".

– Se a doença for o resultado de um malefício, será necessário "desmanchar o trabalho" pela intervenção de outros espíritos. Neste caso poderá servir a pólvora.

– Se for espírito encostado, às vezes uma boa surra poderá curar o mal; ou então algum defumador e banho. Os banhos são muito indicados. A Revista citada faz propaganda dos "banhos de descarga" em líquido, caixa para três banhos, feito dentro do ritual umbandista, para todos os Orixás. Defesa e Desencanto.

Mas os banhos resolvem quase tudo em Umbanda. Há banho para tudo: banho de mar, banho de rio, banho de cascata, com ervas e ingredientes os mais extraordinários! E para tirar praga ou maldição? Então é este:

Procurar uma mulher que esteja para ter um filho e pedir que assim que ela tenha a criança, guardar a primeira defecção da criança, o chamado ferrão. Tirar o primeiro leite em uma xicara, antes de a criança defecar o ferrão, pegar todo o conteúdo e passar na cabeça, no rosto e assim descendo pelo corpo e pedindo que sejam retiradas todas as pragas e maus desejos, por mais fortes que sejam desde o tempo que esteve no ventre da mãe até o momento presente. Em seguida esperar um pouco e, logo em seguida, tomar um banho sem sabão (*A Chave de Umbanda*).

Outro banho de descarga muito bom contra feitiçaria e maus olhados é a seguinte (os que sofrem de náuseas não leiam): Pegar as fezes de um boi completamente preto, botar dentro de um pano, de modo que as fezes não saiam. Botar uma lata com água no fogo e quando a água estiver fervendo, colocar no interior o saco e deixar dar uma boa fervura. Quando a água estiver morna tomar o banho e depois esperar um pouco e, logo a seguir tomar o banho com água e sabão, usando toalha limpa. Em seguida põe o que puder atrapalhar da água do banho juntamente com o pano com as fezes do boi preto, dentro da lata que cozinhou, deixando a mesma na encruzilhada; pedir ao Exu do Boi Preto que leve todas as cargas de feitiçaria, maus olhados etc. (*A Chave de Umbanda*).

Se a doença for causada por inveja ou raiva (Como saber? O pai de santo dirá), poderá servir "um copo de água com sal" e no momento em que a pessoa invejosa for embora, jogar à rua a água com sal dizendo: leva contigo o que trouxeste (Oliveira Magno).

A água fluídica pode ser remédio fabuloso. A simples água quando tiver recebido as irradiações do pai de santo, poderá tornar-se um santo remédio para muitas doenças.

– A troca de cabeça é outro remédio infalível. Transfere-se a doença de uma pessoa para outra: Consiste em concentrar por meio de encantamento em qualquer objeto ou roupa do doente, os males que o atormentam, encerrá-lo em uma embalagem atraente e abandoná-lo em qualquer ponto frequentado, para despertar a atenção dos transeuntes. Se um destes trocá-lo, por curiosidade ou inadvertência, atrairá para si os males que simbolicamente ali se encontram e o verdadeiro dono ficará livre deles (A. Alcântara, *Umbanda em julgamento*). Se a doença for contagiosa, não há duvida, a pessoa atrairá para si os males, mas não juramos que o verdadeiro dono ficará livre deles. Mas juramos que o caso é de polícia!

Um processo mais simples para fazer retornar o mal ao ponto de partida é o seguinte: Depois de fazer uma prece a Deus pedindo justiça e aos bons espíritos pedindo proteção, dizei o seguinte: Com o poder de Deus Todo Poderoso; com o poder de todas as forças e potências do bem; e com o poder deste símbolo (com uma faca de ponta desenhar o pentágono no ar) que todo o mal que os meus inimigos me desejam vá para o ponto de partida; e em seguida espetai a faca no centro do pentágono. (Oliveira Magno). Existem outras duas fórmulas, mas existem sete velas (Idem).

A doença poderá também ser transferida para algum animal. Tiram-se as roupas do doente e passa-se azeite pelo corpo. O animal é coberto por um pano preto e depois enterrado (não sei se vivo ou morto). As roupas são oferecidas a Iroko, deus das árvores, colocando-as em uma onda aberta na árvore. O doente terá saúde enquanto a árvore tiver vida.

Daí por diante a vida do doente dependerá da vida da árvore (*Doutrina e Ritual de Umbanda*).

Nos casos de doenças muito graves, os umbandistas recomendam as "operações espirituais". Mas para tais intervenções cirúrgicas não é necessário o bisturi. Oliveira Magno refere três casos de operações espirituais. Os dois primeiros não podem ser transcritos sem ferir a decência. O terceiro caso é decente: Uma senhora sentindo uma forte dor no interior de um de seus ouvidos, procura um médium (aliás, meio duvidoso) e ele lhe disse: A senhora vai ser operada espiritualmente, e pegando uma faca faz com a sua ponta uma cruz sobre o ouvido da doente sem cortar a paciente. A doente indo para casa e deitando-se, pega no sono; sonhou que estava deitada em uma mesa de operações e no momento que o médico lhe rasga o tumor no ouvido ela acorda e verifica que o pus está saindo pelo ouvido.

E quando o babalaô não consegue acertar a cura, quando não é possível a intervenção cirúrgica espiritual, então é porque a doença foi causada por "castigo". Castigo pelos crimes cometidos em vidas anteriores. Não seria útil conversar com um especialista? Não. Neste caso não há cura, nem remédio, nem banho que valha. O jeito é sofrer, aguentar e expiar os pecados.

NO REINO DA MACUMBA

A Cruz (RJ), n. 2168, 28 de setembro de 1958

Não se pense que a macumba se alastra vergonhosamente apenas no Rio e na Bahia. Atinge todo o território nacional, em demonstração da ignorância do povo. Chega-nos agora notícia de uma cidadezinha de Minas, Pirapora, à margem do São Francisco, noticia essa deveras contristadora e humilhante. A cidade vem sendo ultimamente infestada pela prática da macumba. Cerca de 140 terreiros estão registrados em cartório como se fossem "centros espíritas".

Ainda no ano passado, em virtude de uma campanha do jornal *Centro de Minas*, que defende os interesses da região, foi efetuada pelo destacamento policial a prisão em flagrante de 40 pessoas que tomavam parte em uma "terreirada" no distrito de Buritizeiro. Recentemente, o Promotor de Justiça, acompanhado da reportagem do órgão local *O Vagalume*, e do jornalista Altino Argemiro Jr., do *Centro de Minas*. Efetuou diligência em um dos antros da cidade, dando voz de prisão ao pai de santo Tidinho, o qual, resistindo à autoridade, conseguiu fugir.

O Juiz de Direito da comarca, Sr. Antônio Pereira de Sousa e o Promotor Cristóvão Ramos estão vivamente empenhados na campanha contra a macumba.

Aqui no Rio, durante a semana que passou, Frei Boaventura pronunciou, em uma das reuniões da Semana de Sociologia Religiosa, uma conferência sobe o sentido antissocial, antirreligioso, anticultural e perigo doutrinal mais pernicioso que o próprio Espiritismo, contido nas estruturas supersticiosas e grosseiras da Umbanda, onde se cultua, com a maior desfaçatez e estupidez o próprio demônio, em uma forma debochada de insultos a Divindade legítima, vestígios das velhas civilizações orientais. Aí se descobrem manuscritos, jarros, lápides com inscrições que revelam, após pacientes estudos e interpretações, fragmentos e textos íntegros dos livros da Sagrada Escritura.

Não são poucos e nem remotos os episódios das descobertas do Mar Morto. Estes livros são transcritos com aparatos críticos e comparados com outros códigos mais recentes. Os especialistas reúnem o resultado de seus trabalhos de pesquisas e os remetem para a Comissão Bíblica de Roma. Deste cuidadoso trabalho resultam as edições novas dos Livros Santos, bem revistos e comentados. A evolução desta tarefa não significa dúvidas sobre a natureza da inspiração da verdade contida neste ou naquele texto. O estudo para identificar os originais se prende ao teor externo e acidental do texto ("veste" do conceito), sua forma literária, suas variantes ocasionais que, de código, podem acontecer em virtude de cópias à mão, sujeitas, portanto a má redação e à obscuridade.

A Igreja, para provar uma determinada doutrina, nunca emprega um texto isolado, mas o explica, desdobra-o com o contexto e os lugares paralelos, fugindo assim ao perigo, embora acidental, de alteração do texto em pesquisas posteriores. Também não sendo a única norma de fé, a Igreja solidifica sua palavra e suas demonstrações com o recurso à Tradição.

São estas as palavras e notas que julguei oportuno escrever por se tratar hoje do Dia da Bíblia. É apenas um lembrete par abrir em nossas almas uma clareira de zelo e de entusiasmo pelo estudo e pela leitura dos Santos Livros, fonte de luzes espirituais para nós e para o mundo.

A MAGIA

Pedro Lívio – Presidente do Templo da Religião Universal

O Jornal, n. 12115, 6 de março de 1960

Quando uma pessoa relativamente intelectualizada, que não conhece bem as diversas correntes do Espiritismo ouve falar neste nome, imediatamente a sua mente o associa à macumba, a velas acesas, fitas amarradas, cachaça em encruzilhada, e se afasta horrorizada. Mas quando a vida começa a ficar difícil, os negócios vão mal, o ente amado não corresponde, então deixa de lado as suas conquistas intelectuais e ouve avidamente a empregada que afirma: "O senhor está com encosto ou a senhora está com trabalho feito que é preciso desmanchar". E se esta empregada por acaso frequentar a Quimbanda – magia negra – ou for aliada a mercenários e exploradores, então, o jeito que ela irá dar sairá bastante caro.

E aí se explica o grande número de *Cadillacs* nas portas dos macumbeiros, a extraordinária frequência ao que devia ser uma saudação à Iemanjá que hoje, com as devidas exceções, se transformou em tremendo espetáculo pagão: a ânsia pela satisfação dos desejos materiais, utilitários e imediatistas, é maior do que qualquer raciocínio intelectualizado. Há campo para a proliferação dos "Neros"...[29]

Esta é a situação, sem exagerados eufemismos, nem farisaísmo ou hipocrisia, descrevendo-a como ela é e não como devia ser ou como alguns desejam acreditar que ela seja.

Para sairmos deste labirinto de paixões e confusões, vamos definir as diversas correntes espiritistas existentes no Brasil, em nossa opinião:

1) Espiritismo de mentalização superior: é, em geral, o

[29] No volume 6 publicamos uma matéria sobre o "Nero de Cavalcanti".

Kardecismo, que segue, exclusivamente, os ensinos de Allan Kardec.

2) Espiritismo com ritual: a Umbanda, sincretização dos cultos: africanos, índios e católico com a lei da intercomunicação dos espíritos desencarnados, através quase exclusivamente, ao fenômeno da incorporação. Prática da magia branca. Pontifica o Evangelho e a Umbanda elevada e pura, o segue com devoção.

3) Baixo Espiritismo: Quimbanda – há uma boa parte chamada "boa", que entra em comunicação com os espíritos de baixa graduação evolutiva mas desejosos de aprender a prática do bem. A maior parte porém se enquadra dentro da prática da magia negra, para o mal. A macumba se refere exclusivamente a esta parte, sendo nada mais do que magia negra.

4) Candomblé: prática de rituais ainda selvagens e bárbaros. Pouco ou quase nada tem a ver com a prática do Espiritismo anteriormente definido. Como, no entanto sabemos que os espíritos estão sempre presentes em todos os mundos, nestas cerimônias, também se apresentam. Mas são irmãozinhos que Ramatis chamou de verdadeiros fetos espirituais, que muitos necessitam de nossas preces.

Citamos assim as principais correntes segundo nossa opinião.

Os kardecistas não admitem nada além do que o Codificador disse achando Godoy Paiva que por isso Ramatis não é espírita na acepção que os kardecistas dão ao termo, pois eles não aceitam este espírito que tantas luzes espirituais e científicas vêm derramando sobre a Terra, na sua belíssima missão de esclarecimento geral. Que pena. Não imaginam nem de longe o que estão perdendo.

Os kardecistas não admitem a Umbanda, apesar das mensagens mais do que favoráveis de Emanuel e Humberto de Campos a respeito.

É esta a razão por que a nossa coluna é espiritualista-espírita. Amamos e admiramos profundamente Ramatis, assim como o trabalho humilde, mas muito eficiente, cheio de doçura e carinho, dos Guias que foram Pretos Velhos e Índios na sua última encarnação e assim se apresentam aqui a fim de nos ajudar.

Quanto à Umbanda ser uma "religião" e ainda mais a maior de todas, são outros quinhentos réis...

Desenhando em ligeiras pinceladas o quadro geral, podemos fazer algumas considerações sobre a magia.

Antes de tudo é necessário colocar a corrente do fato histórico de que a magia era velha conhecida dos egípcios, israelenses, dos famosos magos persas (sendo Zoroastro considerado o maior entre eles), dos hindus, celtas, gauleses, druidas etc. De quase todos os povos que passaram pela História. Quando Moisés pela magia endureceu uma serpente e frente ao Faraó a libertou das imantações magnéticas, transformou um bastão em serpente. O Faraó, imperturbável, chamou os seus sacerdotes (com os quais Moisés aprendeu grande parte de seus profundos conhecimentos de magia), estes reproduziram sem maiores dificuldades o fenômeno. Quando, pois muitos umbandistas bem intencionados, afirmam que a Umbanda sempre existiu, fazem inconvenientemente uma ligeira confusão entre a Magia e a Umbanda. A Magia sim existe há milênios era Umbanda e os Guias Pretos Velhos e índios praticam a magia de acordo com os seus conhecimentos adquiridos nas tribos africanas e índios. E o que finalmente é Magia?

Magia é o magnetismo manipulado de tal forma que se projeta um quadro magnético no espaço, que irá beneficiar o ente que é o alvo (a magia branca é claro). Os videntes o veem claramente, verificando assim o verdadeiro significado do desenho de certos quadros magnéticos, chamados "pontos", da imantação eletromagnética-espiritual das velas e outros apetrechos, assim como a força magnética da cachoeira, das rochas, do mar e assim por diante. Portanto, só intelectuais, não se escandalizam com as velas, fitas, cachoeiras, rochas, a praia e o mar, porquanto nada mais são do que elementos materiais e da natureza, que os Guias, com profundo conhecimento de suas possibilidades magnéticas, imantam, lançando no espaço certo quadro eletromagnético que irá beneficiá-los. Jamais um Guia que seja realmente de luz, afirma que tudo tem "jeito". Pelo contrário: Sempre afirmam que tudo depende do Pai, de Zambi ou Oxalá.

A NAÇÃO SURPREENDIDA COM A MACUMBA NAS TVs

A Cruz, n. 2695, 5 de setembro de 1971

A Nação foi apanhada de surpresa, na noite de domingo, pelos produtores de televisão, verdadeira cilada às famílias, já acostumadas, naquele horário, a programa de sua predileção. Ao invés disto, duas longas horas de cenas de terreiros de macumba, de histerismos, entre baforadas de charuto de uma feiticeira e os cânticos bárbaros da senzala.

A polícia não agiu e as direções das emissoras não tomaram qualquer providência.

O espetáculo degradante, se diretamente visava dar IPOBE aos inconsequentes apresentadores de programas, indiretamente, ao ser um atentado à tranquilidade e à saúde pública, exibia-nos a nós mesmos e aos estrangeiros como um povo semibárbaro e fetichista. Já no dia seguinte, os jornais registravam as primeiras consequências: discussões nas ruas, loucuras e até suicídio.

Refeita da surpresa, a Nação passou a reagir, erguendo o seu protesto através de suas associações, as mães de família, e várias agremiações.

A Igreja, como não podia deixar de ser, em nome das verdades eternas e da cultura de nosso povo civilizado, foi a primeira a manifestar a sua indignação. O Eminentíssimo Senhor Cardeal Sales reuniu no Palácio São Joaquim, os seus vigários episcopais para analisar os efeitos do impacto causado pelo atentado traiçoeiro e emitir um pronunciamento oficial.

Em declarações à imprensa Excelentíssimo Sr. Bispo Auxiliar e Vigário Geral, Dom José de Castro Pinto, concedeu as primeiras declarações à imprensa. Disse Sua Excelência, que a apresentação daquele tipo de espetáculo de caráter emocional, explorando a tendência natural do povo à crença em poderes mágicos, não deve ficar restrito à questão de fé, mas deve fixar-se em um ponto de vista de interesse coletivo: saúde pública.

Leva – acrescentou – a uma exacerbação do imaginário e místico (em contraposição ao real), o que pode provocar sérias doenças mentais. O bispo auxiliar da cidade apoia suas considerações em "conclusão unânime" de pesquisadores de parapsicologia – e menciona Frei Boaventura e Padre Quevedo.

Segundo aqueles estudiosos, é Dom José de Castro Pinto quem lembra, as religiões umbandistas, dentro ou fora da televisão, são nocivas à saúde mental do público menos esclarecido e pregadores de um atraso histórico, já que se baseiam em crença da magia, muito superada no atual estágio da humanidade.

Religião e magia

A religião sempre esteve ligada à magia, mas, na verdade, afirma o bispo auxiliar do Rio de Janeiro, magia e religião são contrárias, já que a magia pode ser utilizada como embuste, capaz de conduzir o povo, por meio de apresentações habilmente preparadas, a uma direção pré-determinada. Um conjunto de teses erradas – mágica, misticismo e materialismo – misturados a bons princípios, os de amor ao próximo e zelo pela paz.

Ética

Dom José de Castro Pinto só pode lamentar que os meios de comunicação, feitos para orientar e esclarecer o povo, estejam sendo usados para desnorteá-lo. O público tem direito à informação, que deve ser honesta e objetiva, em vez de demagógicas.

Assim, como não é permitida ao farmacêutico e ao comerciante a venda de produtos estragados, não deveria ser permitido que os homens de televisão vendessem ideias falsas ao homem comum, que não tem meios de verificar se ela são ou não perigosas à natureza humana.

Em conclusão, deveria ser exigido dos homens de televisão um mínimo de ética e honestidade mesmo em prejuízo do IBOPE.

A censura tardia

A censura que para muita gente já não existe, ante os protestos veiculados na imprensa, deu sinal de vida. Chegou a pedir, segundo divulgou-se, autorização à Brasília para suspender os dois apresentadores de TV, por oito dias, como se fosse tal "castigo", o suficiente para reparar o mal que fizeram com o seu impatriotismo. Porque a penalidade de nada valia, tudo ficou por isto mesmo. No entanto, lembrou a sucessão de atos ilícitos capitulados no Código Penal, na Lei das Contravenções Públicas e no Decreto n° 20.493, de 24 de janeiro de 1946.

Porque não se aplicar a lei os tais apresentadores tem feito de seus programas motivos constantes de escândalo e imoralidades, apelando para tudo que é baixeza.

Figura 22: Seu Sete da Lira na sua tradicional festa junina.

A CACHOEIRA DA MACUMBA

A cachoeira da macumba está localizada na Serra da Cantareira em São Paulo.

É um espaço ecológico usado para cultos de Umbanda e Candomblé e que, infelizmente, vem sendo degradado.

Figura 23: Cachoeira da macumba Serra da Cantareira – São Paulo. *http://serra-verde.blogspot.com.br.*

PRAIA DA MACUMBA

Denominada popularmente como "Praia da Macumba", A Praia do Pontal de Sernambetiba, no bairro Recreio dos Bandeirantes é conhecida também como Praia da Macumba.

A origem do nome Praia da Macumba é antiga e deve-se ao fato de muitos adeptos da Umbanda e do Candomblé fazerem suas oferendas à Iemanjá no local.

A violência do mar tem causado o desmoronamento em várias partes da Praia da Macumba. A fúria do mar destruiu a base da pista, que desmoronou.

Figura 24: Praia da macumba. *https://praias.org*.

PAI PEDRO MIRANDA

Pai Pedro Miranda foi Presidente da União Espiritista de Umbanda do Brasil, a primeira organização federativa de Umbanda e dirigente da Tenda Espírita São Jorge, fundada em 15/02/1935 sob o comando de João Severino Ramos e Ogum Timbiri, por ordem do Caboclo das Sete Encruzilhadas. Pai Pedro Miranda era também dirigente da Cabana do Mestre Omolú.

Conviveu diretamente com Zélio de Moraes. Em 2008, comemorando o centenário da Umbanda, lançou o CD *Todo Mundo Quer Umbanda*, pela gravadora Ayom Records.

Pedro Miranda desencarnou em nove de fevereiro de 2018. Foi um grande trabalhador da Umbanda.

Apresentamos a seguir um depoimento de Pai Pedro Miranda publicado no *Jornal de Umbanda Sagrada*, dirigido por Alexandre Cumino.

Figura 25: Pai Pedro Miranda. *https://www.youtube.com.*

O que é Umbanda Branca?

Pai Antônio, em 1908, cantava um ponto no qual se dizia: "Todo mundo quer Umbanda, quer, quer, mas ninguém sabe o que é Umbanda. Umbanda tem fundamento, quer, quer, mas ninguém sabe o que é Umbanda".

Leia e releia essa frase. E pergunte a você mesmo, o que é Umbanda.

Num passo a frente, Pai Antônio, dizia: "A Umbanda é pra quem tem, quem têm, têm, quem não têm, não têm". Muitos querem, mas não tem. Muitos têm, mas não querem.

Leia e releia essa frase. Procure buscar a profundidade de sua significação.

UMBANDA – Lei Sagrada e Divina.

UMBANDA – manifestação do espirito para a prática da caridade.

Caboclo das Sete Encruzilhadas – 15 de novembro de 1908.

UMBANDA – Coisa série para gente séria.

Caboclo Mirim

Quem fundou ou criou a Umbanda? Como surgiu a Umbanda?

A Umbanda vem do alto para baixo.

A Umbanda vem do plano da espiritualidade para o campo de nossa matéria física.

A Umbanda é essencialmente a presença de espíritos tocando o corpo físico de seus médiuns para nos dar uma mensagem.

Qual será a mensagem que a Umbanda tem para nos dar?

O que a Umbanda propicia a cada um de seus médiuns nesse processo da constante presença da comunicação desses espíritos?

Quem serão, realmente, esses espíritos que se apresentam como Caboclos, Pretos Velhos e Exus?

O Caboclo das Sete Encruzilhadas foi um jesuíta.

Ogum Timbiri, mentor espiritual da Tenda Espírita São Jorge, fundada em 1935, era um Mestre do Oriente, transmudado para a faixa vibratória da Sagrada Lei de Umbanda.

O Centro Espírita Caminheiros da Verdade, ao tempo de João Carneiro de Almeida, não realizava sessões de Exu.

A Tenda Espírita São Jorge que sempre realizou trabalhos com Exus, quando tinha sua sede na Rua Dom Gerardo 45 sobrado, Praça Mauá, Rio de Janeiro. Fazia tais sessões somente com a presença dos médiuns que já trabalhavam no terreiro.

Mais tarde, evoluiu e as sessões de Exus passaram a ter conexão com a prática da caridade. Houve evolução da parte mental dos médiuns. A Tenda Espírita Mirim ao tempo do nosso irmão Benjamin Figueiredo não realizava sessões de Exu.

O Major Domingos, da Tenda Espírita Filhos de São Miguel Arcanjo, foi presidente do Primado de Umbanda, era médium do Caboclo Tupiniquim, Pai Pedro e Exu Tranca Gira.

Paremos. Meditemos, Analisemos.

A partir de que momento o guia, a entidade, o protetor, se liga ao seu médium? Quando o nosso espírito está na expectativa de ganhar um corpo físico para o processo de reencarnação, já vem com um compromisso, o de trabalhar na Umbanda. Os nossos guias nos acompanham desde o nosso nascimento. Num determinado momento de nossa vida se aproximam e criam a oportunidade para que possam se apresentar.

Umbanda é um campo amplo, irrestrito, imensurável de fatos e acontecimentos, tem um sentido geral. Umbanda é acima de tudo ampla liberdade. Tranca Ruas das Almas diz com muita propriedade: "ESTÁ TUDO CERTO, ESTÁ TUDO ERRADO, NÃO TEM NADA CERTO, NÃO TEM NADA ERRADO".

Fraternalmente, Pedro Miranda.

GALERIA DE IMAGENS

Figura 26: Mister John e a macumba. *Revista da Semana*, n. 46, 28 de outubro de 1933.

Figura 27: A macumba. Desenho de Roberto Rodrigues. Revista *Para Todos*, n. 489, 28 de abril de 1928.

Figura 28: Vodu e Macumba Gonçalo Vilaverde (Portugal). *https://www.dn.pt*.

Figura 29: Macumba. Serita Zugasti. *Revista da Semana*, n. 12, 21 de março de 1942.

Figura 30: Macumba. Serita Sarasola. *Revista da Semana*, n. 45, 7 de novembro de 1945.

Figura 31: Eros Volusia dançando a macumba. Eros Volúsia Machado (Rio de Janeiro, 1 de junho de 1914 – 1 de janeiro de 2004) foi uma dançarina brasileira que se projetou nacional e internacionalmente sob o nome de Eros Volúsia através de coreografias próprias inspiradas na cultura brasileira. *Revista da Semana*, n. 52, 25 de dezembro de 1948.

Figura 32: Revelando o mistério do bosque de Mendon, onde Eros Volusia descobriu uma pedra sagrada nos domínios da feitiçaria, ela, ali foi bailar um dos nossos afro-brasileiros, a macumba. *Revista da Semana*, n. 52, 25 de dezembro de 1948.

Figura 33: Dança de um adepto do Candomblé. *Revista da Semana*, n. 36, 28 de abril de 1952.

Figura 34: Macumba de Exu. Ritmo africano que soa dentro da noite brasileira, lembrando melodias e danças primitivas. Claudio José e Lídia dos Santos, em uma cena do Teatro Folclórico Brasileiro. *Ultima Hora*, n. 34, 20 de julho de 1951.

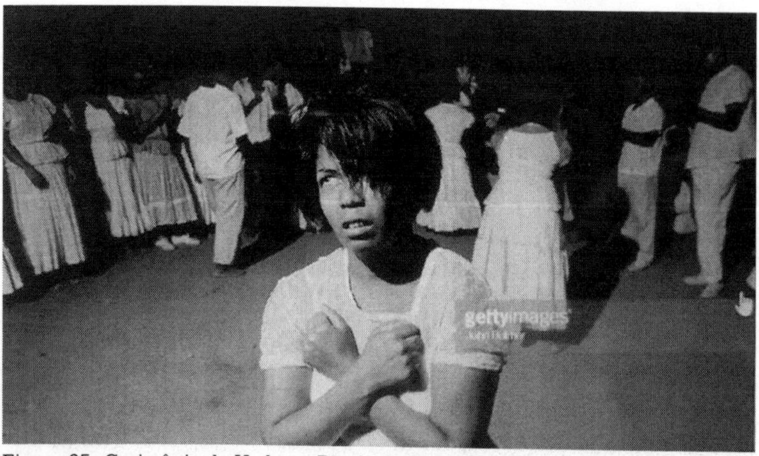

Figura 35: Cerimônia de Vodu no Rio de Janeiro, 1964. *www.gettyimages.pt*.

Figura 36: O consulente e o pai de santo. Desenho de Lan. *Ultima Hora*, n. 592, 19 de maio de 1953.

Figura 37: Rito da macumba. Lucete Laribe. *Ultima Hora*, n. 1515, 31 de maio de 1956.

Figura 38: Adepta dos cultos afro-brasileiros. Desenho de Cecilia Meireles.

Figura 39: Exu esculpido na madeira iroko – Nigéria. Acervo do autor.

Figura 40: LP *Na dança da macumba* (1971). Gravadora Cartaz.

Figura 41: Posição de desagregação Cabana de Pai Benguela (2014). Foto de Tatiana Giustino.

Figura 42: Congá da Cabana de Pai Benguela (2014). Foto de Tatiana Giustino.

Figura 43: LP *Salve o Povo da Bahia* (1970). Tenda da Federação de Umbanda Nossa Senhora Aparecida. Gravadora Vibrações.

Figura 44: LP *Zé Pelintra* (1987). Babalorixá José de Aloiá. Gravadora Cáritas/Luzes Produções.

Figura 45: EP *Macumba* (México – 1986). Veronica. Gravadora IM Discos & Cassettes.

Figura 46: LP *Tecnomacumba* (2006). Rita Ribeiro. Gravadora Biscoito Fino.

Figura 47: Cartaz do filme *Macumba* (1954).

Figura 48: Capa do livro *Breviário da Macumba* (1971). Marli Berg. Editora Nautilus.

Figura 49: Pedra da Macumba. Mairiporã – São Paulo. *http://pedradamacumba.blogspot.com.br*.

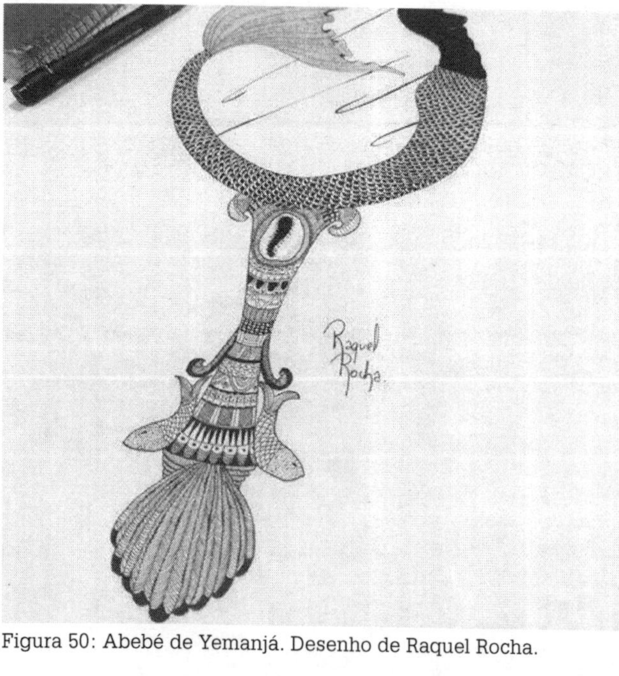

Figura 50: Abebé de Yemanjá. Desenho de Raquel Rocha.

Figura 51: Naína cai em transe no Terreiro de Mãe Dadá. Do filme *Barravento* (1961), de Glauber Rocha.

Figura 52: Gabriel (ainda criança) no ritual de fechamento de seu corpo. Do filme *O amuleto de Ogum* (1974), de Nelson Pereira dos Santos.

Figura 53: Cena do filme *Macumba na alta*, de Maria Basaglia (1958).

Figura 54: Cartaz do filme *Macumba Love* (1960). Filme norte-americano dirigido por Douglas Fowley. Filmado na Praia do Guarujá – São Paulo.

Figura 55: Congá de Umbanda. *http://aumopa.org.*

Figura 56: Evangelista dos Anjos Costa, Mãe Gamo Lokossi ou Doné Nicinha. Nasceu em 27 de dezembro de 1911 e desencarnou em 5 de outubro de 1994. Assumiu a direção do Terreiro do Zoogodô Bogum Malê Rundó em 14/01/1978, localizado na Ladeira do Bogum, no Bairro do Engenho Velho da Federação em Salvador, Bahia. Foto do arquivo do jornal *A Tarde* (BA).

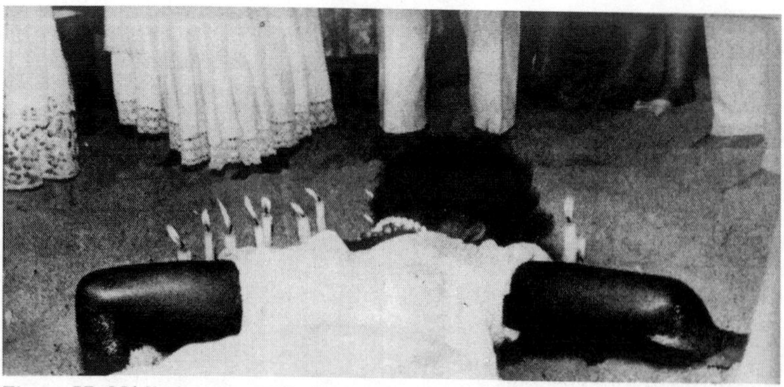

Figura 57: Médium em reverência durante trabalho para Iemanjá. *O Mundo Ilustrado*, n. 55, 10 de janeiro de 1959.

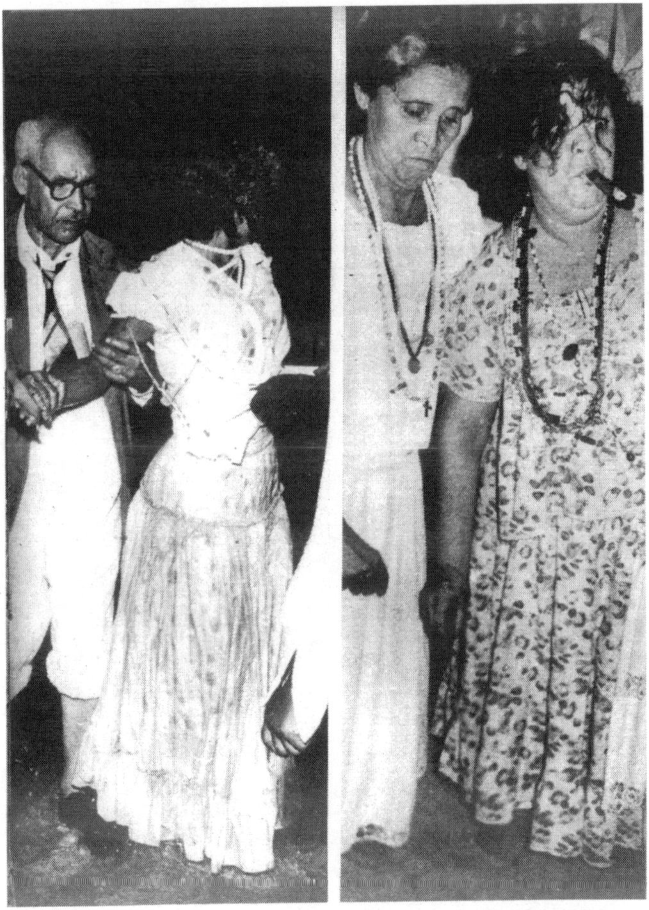

Figura 58: Médiuns em transe durante trabalho para Iemanjá. Foto de Humberto Cardoso. *O Mundo Ilustrado*, n. 55, 10 de janeiro de 1959.

Figura 59: Apresentação de macumba no Casino da Urca, 1946. Margareth Lanthos. *O Mundo Ilustrado*, n. 276, 8 de maio de 1963.

Figura 60: *Soirée à la macumba* (1956). Caco Velho. Gravadora Telefunken (França).

Figura 61: Eros Volusia na dança da macumba (1941). *https://br.pinterest.com*.

Figura 62: Bita do Barão. *https://minutobarra.com.br*. Bita do Barão foi um famoso babalorixá do culto do Terecô. Sua casa está localizada em Codó, Maranhão. Em dias de festa, o templo e os jardins da casa recebiam até mil pessoas, entre filhos de santo e convidados. Era o pai de santo da família Sarney. Desencarnou em 16 de agosto de 1917. Codó é considerada a capital da magia negra. Segundo Mundicarmo Ferreti: Terecô é a denominação dada à religião afro-brasileira tradicional de Codó. É também conhecido por "Encantaria de Barba Soêra" ou Bárbara Soeira (entidade sincretizada com Santa Bárbara) e por Tambor da Mata, ou simplesmente Mata (em alusão à sua origem rural ou para diferençá-lo da Mina surgida na capital).

Figura 63: Centro Espírita Caminheiros da Verdade homenageando o Caboclo das Sete Encruzilhadas (1948). *http://act14-anjovida.blogspot.com.br.*

Figura 64: Centro Espírita Caridade Santa Catarina, Rio de Janeiro (1954). *http://act14-anjovida.blogspot.com.br.*

Figura 65: Ilustração alusiva a uma sessão mediúnica familiar (Boston, 1853). *https://pt.wikipedia.org/wiki.*

SOBRE O AUTOR

- Professor do curso de pós-graduação em História e Cultura Afro-Brasileira do Centro Universitário Salesiano (UNISAL).
- Professor (aposentado) do Instituto Federal de Educação Tecnológica de São Paulo (IFSP) onde lecionou as disciplinas: Química, Fundamentos da Educação, Psicologia da Educação, História da Ciência e Epistemologia do Ensino.
- Lecionou como professor emérito na Universidade Cidade de São Paulo e professor adjunto nas Faculdades Oswaldo Cruz, Universidade de Santo Amaro e Universidade de Guarulhos.
- Pesquisador CNPq.
- Pesquisador do Grupo de Estudos e Pesquisa em Interdisciplinaridade (GEPI) da PUC-SP.
- Mestre em Educação pela Universidade Cidade de São Paulo.
- Master Science in Education Science by City University Los Angeles.
- Doutor em Educação pela PUC-SP.
- Pós-Doutor em Educação pelo GEPI-PUCSP.
- Autor de livros sobre Educação e Ciências: *A História da História da Ciência*, *Temas Especiais de Educação e Ciências*, *O Ponto de Mutação no Ensino das Ciências*, *Os Caminhos da Educação e da Ciência no Brasil*, *Leituras Especiais sobre Ciências e Educação*, *O olhar de Hórus: uma perspectiva interdisciplinar do ensino da História da Ciência*, *Química Básica Teórica*, *Química Básica Experimental*, *Médicos e Heróis*: *os caminhos da Medicina brasileira desde a chegada da Família Real até as primeiras décadas da República* e *Personagens da Ciência Brasileira*.
- Autor de livros sobre Umbanda: *Umbanda e sua história*, *Umbanda Brasileira: um século de história*, *Umbanda: um ensaio de ecletismo*, *Iniciação à Umbanda*, *Os Orixás na Umbanda e no Candomblé*, *Manual do Médium de Umbanda*, *A construção histórica da literatura umbandista*, *Antônio Eliezer Leal de Souza: o primeiro escritor da Umbanda*, *Memórias da Umbanda do Brasil*, *Você sabe o que é Macumba?* *Você sabe o que é Exu?*, *Leal de Souza*, *História da Umbanda no Brasil*, *História da Umbanda no Brasil - Volume 2: A Umbanda nos Jornais do Rio de Janeiro*, *História da*

Umbanda no Brasil - Volume 3: Memórias de uma religião, História da Umbanda no Brasil - Volume 4: Registros históricos, História da Umbanda no Brasil - Volume 5: Documentos históricos, História da Umbanda no Brasil - Volume 6: Registros históricos periódicos, Volume 7: Macumbas e perseguições religiosas, Volume 8: Retratos e memórias, Retratos e Registros Históricos da Umbanda - Volumes 1 e *2*; *Manual de Umbanda para iniciantes.*

• Membro da Escola Superior de Guerra.

• Médium do Templo de Umbanda Ogum Beira-Mar, dirigido por Edison Cardoso de Oliveira, entre 1981 e 1989.

• Vice Presidente da Federação Umbandista do Grande ABC entre 1985 e 1989 e Membro do Conselho Consultivo do Superior Órgão de Umbanda do Estado de São Paulo no mesmo período.

• Relator do Fórum de Debates: *A Umbanda e a Constituinte*, realizado na Assembleia Legislativa de São Paulo, em 1988.

• Colunista do Jornal *Notícias Populares*, em 1989, escrevendo aos domingos sobre a história e os ritos da Umbanda.

• Pesquisou a Umbanda e os cultos afro-brasileiros em diversos terreiros, visitando várias vezes a Tenda Nossa Senhora da Piedade e a Cabana de Pai Antônio onde conviveu com Zélia de Moraes e Zilméia de Moraes.

• Dirigiu o Templo da Confraria da Estrela Dourada do Caboclo Sete Lanças entre 1993 e 1999.

• Colunista do *Jornal de Umbanda Sagrada* entre 2008/2009.

• Colunista do Jornal *Aldeia de Caboclos* desde 2013.

• Ministro religioso do Templo Cristão Umbanda do Brasil.

• Ministro religioso da Casa de Cultura Umbanda do Brasil

• Sacerdote de Orunmilá-Ifá iniciado pelo Babáláwò Ifatoki Adekunle Aderonmu Ògúnjimi (Babalawo *Ifasoya Ifadaisi Agbole Obemo*).

• Iniciado na Raiz de Guiné (*Hanamatan Ramayane*).

• Iniciado e consagrado na Kimbanda das Almas (*Babá Egúngún Inú Aféfe*).

HISTÓRIA DA UMBANDA NO BRASIL - VOL. 9
foi confeccionado em impressão digital, em julho de 2025
CONHECIMENTO EDITORIAL LTDA
(19) 3451-5440 — conhecimento@edconhecimento.com.br
Impresso em Luxcream 70g - StoraEnso